Como usar
o teatro
na sala de aula

COLEÇÃO
COMO USAR NA SALA DE AULA

Conselho Acadêmico
Ataliba Teixeira de Castilho
Carlos Eduardo Lins da Silva
Carlos Fico
Jaime Cordeiro
José Luiz Fiorin
Tania Regina de Luca

Proibida a reprodução total ou parcial em qualquer mídia
sem a autorização escrita da editora.
Os infratores estão sujeitos às penas da lei.

A Editora não é responsável pelo conteúdo deste livro.
A Autora conhece os fatos narrados, pelos quais é responsável,
assim como se responsabiliza pelos juízos emitidos.

Consulte nosso catálogo completo e últimos lançamentos em **www.editoracontexto.com.br**.

Como usar
o teatro
na sala de aula

Vic Vieira Granero

Prefácio de
Fábio Konder Comparato

Copyright © 2011 Vic Vieira Granero

Todos os direitos desta edição reservados à
Editora Contexto (Editora Pinsky Ltda.)

Montagem de capa e diagramação
Gustavo S. Vilas Boas

Coordenação de textos
Adriana Teixeira

Preparação de textos
Lilian Aquino

Revisão
Rinaldo Milesi

Dados Internacionais de Catalogação na Publicação (CIP)
(Câmara Brasileira do Livro, SP, Brasil)

Granero, Vic Vieira
Como usar o teatro na sala de aula / Vic Vieira Granero. –
São Paulo : Contexto, 2023.

Bibliografia
ISBN 978-85-7244-650-1

1. Educação – Programas de atividades 2. Sala de aula –
Direção 3. Teatro na educação I. Título.

11-06063	CDD-371.33523

Índices para catálogo sistemático:
1. Teatro na sala de aula : Educação 371.33523

2023

EDITORA CONTEXTO
Diretor editorial: *Jaime Pinsky*

Rua Dr. José Elias, 520 – Alto da Lapa
05083-030 – São Paulo – SP
PABX: (11) 3832 5838
contato@editoracontexto.com.br
www.editoracontexto.com.br

SUMÁRIO

Prefácio 7

Introdução 11
  Por que o teatro na sala de aula 15

Breve história do teatro 19
  A tragédia grega 19
  O teatro clássico 20
  Séculos XVIII e XIX 21
  O Romantismo 21
  O Realismo 22
  O Simbolismo 23
  O teatro do século XX aos dias atuais 23

O teatro como meio de socialização 29

O teatro e outras disciplinas 33
  Linguagem verbal 34
  Linguagem espacial 35
  Atmosfera cênica 36
  Relato de uma experiência 39

O teatro descobridor de talentos na escola 43
  Trajetória na preparação de uma peça 46
  Experiências dos alunos na montagem
  de *Morte e vida severina* 47

Percepção do corpo fora e dentro do ambiente escolar.................................49
Exercícios de percepção corporal para os alunos.................................52
Interação da dinâmica corporal com outras disciplinas.............54

Criação de personagens em eventos escolares.................................57
Acessórios em cena.................................61

O teatro da Bauhaus na escola.................................65
Exemplos para a sala de aula.................................69
O processo sinestésico no teatro.................................73

A preparação de um projeto de dramatização.................................75
Montagem de uma sala multiuso.................................81

A escolha do tema.................................87

Roteiro para a montagem de uma peça de teatro.................................97

Roteiro para assistir a uma peça de teatro.................................101

Vivências e sugestões do uso do teatro como recurso pedagógico.......105
Por dentro do computador.................................106
Identidade e criação de uma história.................................107
Quadro vivo.................................108
Experiência em teatro.................................108
Educação ambiental em cena.................................109
Dramatização em classes de Língua Estrangeira.................................110
Experiências pessoais.................................112

Considerações finais.................................117

Bibliografia.................................119

A autora.................................121

PREFÁCIO

O TEATRO COMO PEDAGOGIA DE VIDA

Este livro de Vic Vieira Granero vem preencher uma indesculpável lacuna em nossa literatura pedagógica. Ele mostra como a representação teatral constitui um instrumento indispensável na educação de crianças e jovens para a vida, em sua plenitude de sentidos.

Com efeito, a vida humana é, essencialmente, uma representação, vale dizer, uma duplicação: toda pessoa, pela sua própria natureza, apresenta-se no mundo como um personagem. O que cada um de nós é, para os outros, nunca coincide com o que somos para nós mesmos.

Daí decorre a dupla importância pedagógica do teatro: para cada um de nós, pessoalmente, e para a vida social, como organização da convivência humana.

Na verdade, o ator teatral tem possibilidade de se conhecer, mais e melhor, do que o não ator. São frequentes os casos de pessoas tímidas e retraídas, que manifestam no palco uma segurança e uma desenvoltura invulgares; pois é só como personagens que elas podem exprimir desembaraçadamente seus sentimentos e juízos de valor. Nessa expressão de valores e sentimentos, elas passam a enxergar de modo reflexo o seu ego, com mais nitidez do que no divã do psicanalista.

Para a vida social, da mesma forma, a função pedagógica do teatro é inegável. Foi o que sucedeu – para ficarmos só com dois exemplos históricos – na Grécia clássica e na Idade Média.

Enquanto nos poemas homéricos os personagens eram apresentados como modelos ideais de conduta, a partir do século v a.C. (o "século de Péricles") as peças teatrais passaram a realçar as contradições e fraquezas do ser humano. As comédias de Aristófanes constituíram momentos decisivos de crítica dos costumes e da vida política. Quanto à tragédia, muitos séculos antes da psicanálise, ela representou a primeira introspecção nos subterrâneos da alma humana, povoados de paixões, sentimentos e emoções, de caráter irracional e incontrolável. O homem apareceu, assim, aos seus próprios olhos, como um problema, no sentido que a palavra tomou desde logo entre os geômetras gregos: um obstáculo à compreensão, uma dificuldade proposta à razão humana.

Para a explicação desse problema, os gregos foram, aos poucos, acrescentando ao saber mitológico tradicional o exercício de uma crítica racional. Essa transformação progressiva, do mito à explicação puramente terrena do ser humano, correspondeu, de certa forma, no campo da tragédia, à sucessão da tríade máxima dos autores: Ésquilo, Sófocles e Eurípides.

Na verdade, as representações teatrais na Atenas clássica, por ocasião das festas dionisíacas, eram autênticos serviços públicos, organizados pelas autoridades políticas com o concurso financeiro dos cidadãos mais abonados. Não havia atores profissionais; qualquer cidadão podia representar. No quadro de manifestações religiosas – o sacerdote de Dionísio tomava assento no centro do teatro, diante do altar do seu deus –, o teatro constituía uma forma institucional de educação popular, à qual todos tinham o dever cívico de comparecer. O preço dos assentos dos cidadãos mais pobres era pago com os recursos de um fundo público dos espetáculos (*theoricon*).

Igual função educativa exerceu o teatro religioso na Idade Média.

Já a partir do século x, a par do culto litúrgico, iniciou-se, primeiro no interior das igrejas, depois no seu pátio externo e, em seguida, nas praças públicas, a representação de dramas religiosos, com a finalidade de incutir entre os fiéis, em geral analfabetos e pouco instruídos, o sentido sobrenatural das grandes festas, como a Páscoa da Ressureição e o Natal. Para tanto, o idioma vernáculo substituiu o latim, e as vestes litúrgicas foram sendo aos poucos abandonadas, passando os atores a representar em trajes leigos. Ao final da Baixa Idade Média, tais representações teatrais eram feitas por guildas de atores profissionais, mas sempre com o mesmo intuito pedagógico.

Convém assinalar hoje – e é a razão deste livro – a importância a ser dada à representação teatral como método privilegiado de educação escolar.

Na França, por exemplo, no ano letivo de 2007-2008, para enfrentar o problema da indisciplina e da violência nas escolas, experimentou-se com êxito, em Paris e em duas cidades próximas, a técnica teatral. Os alunos, conforme suas atitudes pessoais, foram classificados em cinco tipos: medrosos, indiferentes, agressivos, vítimas e justiceiros. Cada criança ou adolescente foi obrigado a assumir, em rodízio, o papel de um desses personagens. Ao término do ano escolar, verificou-se que os alunos haviam adquirido um apreciável controle sobre as suas emoções e tendências; ou seja, eles passaram a se conhecer a si mesmos. Realizou-se, dessa forma, a grande finalidade de todo verdadeiro sistema educacional: preparar os educandos para a vida.

Por tudo isso, espero que este livro possa ter, em nossas escolas, a ampla difusão que ele merece.

Fábio Konder Comparato
Advogado e professor titular aposentado da Universidade de São Paulo
Doutor *honoris causa* da Universidade de Coimbra

INTRODUÇÃO

Nosso cotidiano está repleto de momentos teatrais, em que desenvolvemos uma ação para nós mesmos ou para os outros, em um determinado espaço e tempo, com um objetivo próprio de comunicar desejos, sentimentos e emoções; transmitir informações e vivenciar experiências. São os momentos de comunicação, de expressão corporal, de intercâmbio de informações, de ações verbais e não verbais.

As expressões teatrais, enquanto manifestação humana, de arte e conhecimento, são comportamentos naturais, muitos deles instintivos, outros determinados por informações recebidas ao longo da vida, quer sejam transmitidas pela família, pela escola, ou pela mídia. Os momentos teatrais, portanto, podem ser de muitos tipos, desde as simples corriqueiras expressões de desejo humano até uma peça teatral organizada e apresentada em um palco por atores.

No ambiente escolar, identifica-se nitidamente um momento teatral dos alunos durante sua entrada na sala de aula. Ao toque da campainha, os alunos e professores são convocados para o começo da aula. Vivencia-se nesse instante um momento cênico, em que grupos de pessoas se encaminham, a partir de um som, para um determinado espaço e lá ficam, até que um novo sinal transforme a cena. Isso é repetido várias vezes ao dia, na entrada, entre as aulas, para o intervalo e na saída.

A própria sala de aula é um verdadeiro espaço para a expressão humana, logo, um espaço cênico. Lá, todos sentados, olham, ou deveriam olhar, para uma direção, voltados para o professor. As paredes da sala de aula geralmente têm cartazes relacionados às matérias de História,

Ciências e Geografia, para citar algumas. Bertolt Brecht (1898-1956) usou o cartaz como recurso cênico no seu teatro, denominado Teatro Didático, e o professor também o faz, tornando as paredes aparatos didáticos de um espetáculo vivo, e a aula/teatro semelhante aos espectadores e atores.

Alunos do CEU São Rafael aguardando o início da peça.

Outros momentos, como feiras culturais, exposições, festas juninas, mobilizam pais e professores para ocasiões que transformam a escola e mostram-se repletas de momentos teatrais. Por exemplo, em uma festa junina, a escola torna-se um grande espaço cênico para aquele fim, recebe bandeirinhas coloridas e, dentro da maior normalidade, as crianças são maquiadas, os figurinos são cuidadosamente criados, "o noivo", "a noiva", "a fogueira" são representados, colocando todos os envolvidos dentro de um fazer teatral. Os alunos/atores andam para lá e para cá, durante o momento da apresentação da "quadrilha", e os pais, espectadores, aplaudem seus atores. A procura estética de apresentar algo inerente ao grupo torna aquele instante um momento espiritual e cênico único, quando sons, objetos, ritmos e emoções de um espetáculo são aceitos por todos. Vivencia-se, naquele momento, o teatro ligado ao sagrado, remetendo-se à lembrança do teatro grego.

Virá, então, a pergunta: qual será a razão para que, em pleno século XXI, algumas escolas ainda sejam reticentes às atividades escolares que envolvam o teatro, quando estas não estão ligadas a festejos institucionalizados? Uma possível resposta para essa questão é o fato de não somente o teatro, mas a arte em geral, ainda serem vistos como uma atividade de lazer ou um mero entretenimento sem maiores consequências; ainda, em outras situações, com reações negativas, como nesta pergunta: "mas meu filho vai ter que pintar os lábios?".

A arte, e consequentemente o teatro, fazem parte da linguagem e da cultura próprias de um povo e são peças essenciais para a compreensão de sua história. O fazer teatral desperta os alunos para a observação de si mesmo e do outro, incita-os a aprofundar-se em suas próprias histórias de vida e a desenvolver a capacidade de expressar seus sentimentos de forma positiva, com respeito e colaboração.

Aluna vestida para a festa junina.
Os alunos confeccionaram
os bonecos e outros acessórios.

O teatro é um instrumento vivo na educação, que pode incorporar e ser incorporado por diferentes áreas que englobam o currículo escolar para a realização de uma educação plena. O exercício teatral prepara o indivíduo para a vida, fazendo-o vivenciar alegrias e decepções, encorajando-o a improvisar diante de uma situação inesperada e exercitando-o para trabalho de equipe. A aula de teatro motiva a criação, desenvolve a comunicação verbal, gestual e visual e estimula a busca por novas formas de expressão; ela carrega em seu âmago a sabedoria dos filósofos gregos do "saber viver" e, ao tratar conceitos relativos ao currículo escolar, articula abstrações do pensamento, da ação e do tempo, desenvolvendo aptidões como propõe o PCN (Parâmetro Curricular Nacional).

O teatro leva o aluno a ter contato consigo mesmo, o faz experimentar seus limites, surpreendendo-se ao descobrir talentos que não sabiam que tinham. Não por acaso, nas reuniões pedagógicas, é comum professores de artes visuais, música, artes cênicas, levantarem questões sobre a dinâmica de alguns alunos que passam despercebidas nas outras matérias. Pois, em arte, o aluno aparece com seus talentos, manias, sentimentos, não dá para camuflar. No teatro, temos a chance de nos aproximarmos do ser humano de forma muito individual e precisa.

As aulas de teatro, do ponto de vista coletivo, também exigem a adoção de hábitos de organização, limpeza, pontualidade, além do cuidado com os objetos cênicos e da responsabilidade para com as tarefas designadas a cada aluno. As relações sociais, os comportamentos e as posturas éticas, o saber escutar, dialogar e participar, a percepção de atitudes adequadas ou inadequadas, criticar e receber crítica, todos esses fatores estimulam o autoconhecimento e a sociabilidade, preparando-os para a vida e para a prática da cidadania.

Quem sai ganhando com essas descobertas é o próprio aluno, além do professor e da escola. O professor tem em mãos ainda o barro sem forma, os alunos vão empurrando com a mão a roda do oleiro até que, num dado momento, todos estarão harmonizados com a matéria, o ritmo e a forma, criarão uma obra de arte, o teatro. Uma obra feita por alunos de 9 a 17 anos, mas que nem por isso deixará de ser uma obra de arte.

Por que o teatro na sala de aula

Ao longo da história, o teatro sempre foi responsável pelo registro da trajetória humana: seus questionamentos existenciais, suas reivindicações sociais e políticas. Existe uma extensa bibliografia sobre a história do teatro, que percorre desde o período mais antigo da pré-história (período Paleolítico), passando pelos cerimoniais festivos na Grécia antiga, chegando às atuais pesquisas multimídias nas quais os atores interagem com imagens projetadas, robôs, cenários virtuais, holografias e toda sorte de novas tecnologias criadas dia a dia.

Este livro tem como meta apresentar a identidade do teatro em sua simplicidade, a qual está aliada à criatividade ética e social. Em poucas palavras: um teatro que, revelando a nossa humanidade, contribua ainda mais para a busca de uma sociedade melhor. Em partes, isso passa pelo resgate da história de cada um de nós, com o jogo teatral presente desde os primeiros passos: aparece, por exemplo, nas brincadeiras do faz de conta nas representações do papel da mãe, do pai, do médico, e com o personagem do boneco – o personagem do bebê que passa de mão em mão em todos os povos e culturas "balbucia" em todas as línguas. Esse mesmo boneco que é consagrado no "teatro de bonecos", sendo um dos heróis infantis com entrada livre nas salas de aula desde as primeiras séries do curso fundamental, mas que logo desaparece, voltando somente nas festas do nosso folclore. Nesse sentido, o teatro de bonecos e a animação de objetos são assuntos que abordarei neste livro, bem como a escola da Bauhaus e suas pesquisas cênicas.

A proposta do livro é seguir, em cada capítulo, uma sequência análoga: a primeira parte do texto contém os conceitos e, na segunda parte, os trabalhos práticos realizados por mim ou por professores de outras disciplinas que aplicaram o teatro como um recurso didático. Procuro, aqui, resgatar os métodos usados, vivências experimentais, processos de desenvolvimento da percepção espacial, de cor, som, luz e imagens – tudo como forma de inspiração aos professores.

Diante de uma juventude que nasceu acostumada a ver de tudo, o professor tem que fazer malabarismos para motivar os alunos. Para isso, há uma diversidade de jogos teatrais ou técnicas de mímica, como a observação dos ritmos cardíacos de cada aluno que pode virar um *rap*, por exemplo, com letras criadas por eles. Os alunos têm dentro de si uma multiplicidade de sons, imagens, ritmos musicais, fatos do cotidiano, que, tratados com respeito e cuidado, poderão germinar em novas fontes para um "novo professor", que, sempre se reciclando, acompanhará e estará à frente desse mundo.

O teatro estimula as atividades de respeito aos colegas, aos atores, aos professores, aos funcionários e às normas da escola.

Alunos do CEU Perus aguardam para assistir à peça *Circo Kandinsky*. Perto deles, trabalhos de arte feitos com sucata.

O professor de teatro deverá ressaltar para seus colegas e alunos que todo o espaço da escola poderá ser transformado em espaço cênico. Infelizmente, não são todas as escolas que possuem um auditório ou uma sala de teatro, mas há outros espaços que podem ser adaptados para esse objetivo, tais como o hall de entrada, as escadarias, o pátio do recreio. Ou ainda outras áreas que possibilitem as atividades, como as quadras poliesportivas, com seus acessórios, como barras, colchonetes, bolas. Durante a aula, geralmente de 50 minutos, tudo deverá ocorrer plenamente: o aluno aproveitará sua criatividade, suas emoções, seus sentimentos e suas aptidões, respeitando o princípio clássico de tempo e espaço. Na primeira etapa do livro, abordarei itens referentes ao desenvolvimento da criatividade, à descoberta de aptidões para literatura, escrita dramática, música, dança, artes plásticas e a relação que pode existir entre o teatro e as outras disciplinas. Como exercícios práticos, estão incluídas propostas de leitura em ritmo lento, pausado ou rápido, que estimulam sensações e níveis de percepção do texto de grande valia para nós e para o professor de Língua Portuguesa.

A percepção do tempo é um tópico determinante na ação do professor e que se materializará durante o transcorrer do livro e permitirá o seu uso. Em decorrência desse item, abordarei o respeito aos horários, o bom aproveitamento do tempo em nossas vidas e a observação do nosso biorritmo – se é lento, rápido, regular ou irregular. O ritmo acelerado dos jogos eletrônicos e dos videoclipes; a periodicidade das imagens repetidas dos anúncios de TV; o tempo da natureza e o tempo da cidade – todos esses diferentes ritmos podem ser verificados a partir dos exercícios aplicados durante as aulas, como vários propostos ao longo desta obra, embasados em experiências pessoais e de professores parceiros.

Ao tratar da relação do teatro com outras disciplinas, relatarei alguns trabalhos interdisciplinares com Ciências Naturais, Artes Visuais, Matemática, Língua Portuguesa, entre outros, como os estudos de teatro e Ciências Naturais e Biológicas, executados a partir de 1993 pelo biólogo e professor José Ricardo Baroldi Ciqueto Gargiulo, em escolas públicas e particulares do município de São Paulo. Os professores de todas as matérias poderão, ao ler essas propostas, verificar quantos dos tópicos pedagógicos temos em comum com nossas disciplinas e como encontramos boas motivações educacionais ao experimentarmos projetos em que participemos juntos.

O teatro é polivalente por excelência e, para tanto, selecionamos itens que contribuem para que o professor possa planejar um trabalho teatral sentindo-se confortável e seguro. Imprevistos aparecerão e o professor deverá resolvê-los junto com os alunos. Com a serenidade de quem já estudou o assunto e tem dentro de si a vocação artística e o respeito pelo educando e pela atividade de educar, o professor saberá enfrentar os percalços de quem trabalha com indivíduos jovens que se movimentam, interagem e compartilham de um mesmo objetivo, no caso, montar uma peça de teatro.

Agora é só dar as três batidas de Molière e o espetáculo começará.

Banda de percussão – prazer de trabalhar em grupo.

BREVE HISTÓRIA DO TEATRO

O teatro tem uma longa história: desde os primórdios, em que o sagrado comunicava-se com o humano e os deuses eram consultados nos oráculos, até os dias de hoje, quando interagimos com máquinas, robôs e computadores.

Margot Berthold declara: "O teatro é tão velho como a humanidade". Já na era glacial, o homem cobria-se diversas vezes com peles de animais em muitos dos seus rituais. Povos primitivos realizavam suas apresentações com máscaras, peles e folhagem sobre o corpo, num processo mimético da natureza. Pinturas rupestres do sul da França mostram tribos nômades do Paleolítico em rituais xamanísticos, e, no México, pinturas de 800 d.C. mostram um dançarino maia com um figurino de pássaro, com asas, estandarte e chocalhos.

Durante nossa viagem artístico-pedagógica, vamos nos deter e observar como a natureza é representada, muitas vezes de forma naturalista, estilizada ou abstrata, percebendo também a influência que ela exerce nos cenários, figurinos, montagens e personagens.

O professor buscará inspiração, não importa se extraída da história, da mitologia ou do cotidiano. Ela é sempre correta, pois é a sua fonte em sala de aula, assim como um diretor de teatro já a encontrou e a elegeu.

A TRAGÉDIA GREGA

A tragédia grega, como a conhecemos, começou no tempo de Dionísio, aos pés da Acrópole de Atenas, durante os festivais de teatro denominados "ditirambos", relacionados às estações do ano e às colheitas. Destacam-se nesse período três grandes dramaturgos, que elaboram suas tragédias sob a forma de poesia: Ésquilo (525-456 a.C.), Sófocles (496-406 a.C.) e Aristóteles (384-322 a.C.). Ésquilo escreveu 90 tragédias, das quais somente 7 chegaram até nós, como *Prometeu acorrentado* (484 a.C.). Sófocles, 30 anos mais jovem que Ésquilo, autor de *Édipo Rei* (429 a.C.), antecedeu Aristóteles, que nele embasou seus estudos sobre o conceito de "destino", até hoje presente na cena dramática.

Parte da sedução que o pensamento grego exerce ainda hoje é resultado da teatralidade e da construção literária dos seus mitos e reflexões, impregnados de um caráter plástico, atemporal, presente no centro dos conflitos da história dramática do teatro universal.

O TEATRO CLÁSSICO

No Classicismo, o drama estava sujeito às normas ditadas por Aristóteles e nele o discurso teatral valorizava a narrativa. A estética clássica buscava a harmonia dos personagens e a verossimilhança, além de seguir outras regras como a unidade de tempo, de ação e de espaço. Observaremos mais adiante que a reação a uma corrente artística estabelecida e aceita, como o Classicismo, suscita um movimento de ruptura, o que confirma que o teatro, inerente à existência do homem, transforma-se sempre. Um dos grandes poetas da tragédia clássica é Racine (1639-1699), que acatou tranquilamente todas as regras impostas por essa corrente literária.

Regras do teatro clássico

- **Unidade de ação:** a ação vai se referir à ação do herói. "As ações são referentes a um único herói e deverá constituir um todo, assim, uma ação unida e que forme um todo", escreve Aristóteles em *Poética*.
- **Unidade de tempo:** refere-se ao período de tempo em que as peripécias do herói deverão ocorrer. "A tragédia tenta o máximo possível se manter em uma evolução do sol, ou não se

afastar disso". Assim, toda a história deverá se passar dentro de 24 horas, segundo a interpretação da maioria dos estudiosos do Classicismo. A exceção é William Shakespeare (1564-1616), que não segue tais regras: seus personagens são universais e permitem encenações atemporais.

- **Unidade de lugar:** refere-se ao espaço físico no qual deve ocorrer a tragédia. "A tragédia deve ter como tema uma ação que se passou em um pequeno espaço de lugar e em um pequeno intervalo de tempo". Jean-Baptiste Poquelin "Molière" (1622-1673) não acata a regra da unidade de lugar. Cito esses autores para apontar a dinâmica que acompanha o teatro.

Séculos XVIII e XIX

As renovações cênicas se sucedem através do tempo. Chegamos ao século XVIII do Iluminismo representado por Voltaire (1694-1778) e Diderot (1713-1784), autor da *Enciclopédia Francesa*, ambos autores de dramas para teatro.

Voltaire soube aproveitar o tempo durante a sua longa vida, reinando no teatro francês por 50 anos. Iniciou um relativo afastamento das regras do Classicismo, seguido por Denis Diderot e Pierre Augutin Caron Beaumarchais (1732-1799). Eliminou os diálogos em versos e resgatou seus personagens do cotidiano, como o "artesão", "o homem do povo" e "os burgueses". Os personagens falam com uma linguagem popular, familiar. Um grande passo é dado na marcha constante da arte dramática: a tragédia é substituída pelo drama burguês. Diderot dá um salto na estética quando conceitua a teatralidade. O teatro é uma arte em si mesma, ele dita livremente as suas normas. É uma arte viva, como já foi dito.

O Romantismo

Chegamos, então, ao Romantismo no teatro. A Revolução Francesa foi um marco universal, e todas as artes beberam dessa fonte: a pintura, a poesia, a dramaturgia. Assim, podemos citar nesse movimento: François-René de Chateaubriand (1768-1848), Alphonse de Lamartine (1790-1869), Jean Honoré Fragonard (1732-1806), Alfred de Musset (1810-1857), Lord Byron (1788-1824), Johann Wolfgang von Goethe (1749-1832) e mesmo Immauel Kant (1724-1804), já mais idoso.

O Romantismo se desenrola a partir de 1800 e se nutre de imagens de ruínas, de tempestades, de nuvens e da natureza, que marcarão presença no teatro e na cenografia, na forma de enormes telões pintados. Pertencem também ao período importantes autores da Rússia e da Polônia: E. T. A. Hoffman (1776-1822), Aleksandr Pushkin (1799-1837) e Nikolai Gogol (1809-1852).

As artes trabalham juntas e, em um determinado momento, aquele esboço inacabado de um diretor da época será subsídio tanto para o pesquisador de teatro como para o professor de outra área que queira abordar a estética romântica.

O REALISMO

"Esfacelemos as teorias, as poéticas e os sistemas. Quebremos esse gesso que mascara a fachada da Arte! Não existem regras nem modelos", escreveu Victor Hugo, em 1827, no prefácio de *Cromwell*, que se tornou um manifesto por uma nova dramaturgia e o início do Realismo.

O Realismo tem na pintura seu marco, quando, em 1855, o pintor Gustave Courbet (1819-1877) teve sua inscrição negada para a Mostra Universal de Paris e reagiu apresentando seus quadros num pavilhão construído por ele com uma faixa na entrada dizendo "Le Réalisme" ("O Realismo").

Apontar falhas da sociedade, criticar, ater-se ao realismo histórico e a temas conflituosos, são os objetivos do Realismo. Peças como *Boris Gudovov*, de Aleksandr Pushkin (1878), encenada em São Petersburgo, requeriam do encenador um levantamento fidedigno de arqueologia e arquitetura, de figurinos e de construção de adereços volumosos. Para esse tipo de pesquisa, existe farto material iconográfico nas gravuras e pinturas da época, como a estampa que mostra a cena de *Mercadet*, de Honoré de Balzac (1799-1850), encenada em 1871 em Paris: um grupo de senhores em volta de uma mesa, dentro de um cenário carregado de objetos, acessórios cênicos como lustres, tapetes, cadeiras estofadas e um grande relógio sobre um aparador. Podemos citar também a apresentação histórica da ópera *Aida*, de Guiseppe Verdi (1813-1901), encenada em 24 de dezembro de 1871, que trata de uma história no antigo Egito ocorrida às margens do rio Nilo.

O SIMBOLISMO

Os simbolistas abrem as portas para a criatividade, o sonho e o devaneio; suas obras estão isentas de todo vínculo dramático com a realidade. O artista não se apegará a modelo algum que não seja fruto da sua imaginação ou inspiração, e a liberdade criativa é um dos legados desse movimento do século xx. Autor que se destaca nessa concepção estética é Maurice Maeterlinck (1862-1949), que escreveu a peça *Pelléas et Mélisand* (1892), considerada obra-chave para o estudo do drama lírico francês.

A música é uma referência e um estímulo cênico para a produção de um espetáculo simbolista, e tal influência se deve à estreita relação do compositor Claude Debussy (1862-1918) com esse movimento. O espaço cênico simbolista é parco em elementos, estimulando a imaginação do espectador que completa a cena com a sua sensibilidade. Luz e som contribuem de maneira determinante na criação dessa atmosfera de encantamento. Os simbolistas nos devolvem o aspecto cerimonial do espetáculo, nos aproximam do divino e propõem uma experiência metafísica que busca a individualidade.

O TEATRO DO SÉCULO XX AOS DIAS ATUAIS

A estética simbolista pretende um teatro voltado para o sagrado, propiciando mais uma celebração do que um espetáculo. Esse conceito continuará válido no século xx com Adolphe Appia (1862-1928) e Gordon Craig (1872-1966), ambos notáveis teóricos, diretores e cenógrafos. Ao final do século xix, em 1883, Richard Wagner (1813-1883) compôs sua magistral ópera *Parsifal*, realizando seu ideal artístico, denominado "obra de arte total". Aproximando-se da liturgia, do sagrado e do cerimonial, Wagner deixa a desejar na realização e materialização do espetáculo, como apontou Appia: excesso de acessórios e telões realistas no palco, com os cantores e atores gesticulando de maneira estereotipada.

Um novo tipo de representação deveria surgir, adequada à proposta estética de Wagner. Adolphe Appia propôs que a materialização

Excesso de acessórios prejudica o espetáculo, como apontou Adolphe Appia. Encenação no CEU São Mateus.

do drama transcorreria de maneira sutil, sem ser atropelada por um espaço cênico atordoante. Para esse fim, a iluminação receberá um tratamento cuidadoso. O encontro de Appia com Jacques-Dalcroze (1865-1950) foi decisivo também para a dança, e o conceito de euritmia conquistou espaço nas pesquisas dentro do Instituto Suíço, em Hellerau. Appia ressaltou o corpo do ator, retirando do espaço cênico tudo que possa interferir nele, como as grandes poltronas estofadas. Após o encontro com Dalcroze, ele intensificou sua pesquisa, estilizando elementos cênicos: desenhou os cenários para as peças *Anunciação feita à Maria*, de Paul Claudel (1868-1955), *Orfeu*, de Christoph

Gluck (1714-1787), no Instituto Jaques-Dalcroze, e publicou *Música e encenação* em 1899.

Depois, apareceu no cenário da dramaturgia Gordon Craig, que dará o salto conceitual que a arte teatral necessitava. Além do esvaziamento do palco, Craig enfatiza a iluminação, a pesquisa de luz e os efeitos ópticos. Aplica o princípio de "arquitetura cênica", dispondo biombos no palco, chamados *screens*, que recebiam as luzes e projetavam sombras. Craig dirigiu uma escola de teatro em Florença, e seu livro *A arte do teatro*, de 1905, é leitura básica para quem quer conhecer melhor o quanto ele influenciou os grandes encenadores contemporâneos, como é o caso de Bob Wilson.

Outro grande passo na história do teatro é dado quando da fundação da escola da Bauhaus, por Walter Gropius (1883-1969), em 1919 (tendo sido fechada pelos nazistas em 1933). Gropius era arquiteto e projetou um teatro que eliminava a separação entre palco e plateia: o Teatro Total, projeto solicitado por Erwin Piscator (1893-1966), encenador pioneiro no uso de recursos audiovisuais. Na Bauhaus, notamos o uso de maquinaria cênica, como é o caso do espetáculo em que roldanas e cabos suspendiam enormes "personagens" recortados em madeira.

Aparece, então, o pintor, cenógrafo, pedagogo, bailarino e encenador Oskar Schlemmer (1888-1943), que utilizou figuras geométricas, cubos, retângulos e escadas pintadas em seu espetáculo *Das Triadische Ballet*, o *Balé Triádico*, de 1926. O inusitado do processo criativo de Schlemmer é que ele muitas vezes criava o personagem e o movimento dos bailarinos a partir do figurino. Assistíamos, então, a uma obra que alcançara seu objetivo: a unidade estética.

Outros nomes significativos do período são: Antonin Artaud (1896-1948) e Roger Vitrac (1889-1952), que criam o Teatro Alfred-Jarry. Meyerhold (1874-1940), um encenador russo que foi preso, torturado e morto em um gulag, campo de trabalhos forçados, em 1940. Professor e pedagogo, criador da Biomecânica, sua contribuição ao teatro é notável, buscando, através do corpo humano, gestos novos, recriados a partir do estudo do esqueleto. Ainda: Bob Wilson (1976), que encena *Einstein on the beach*; Tadeusz Kantor (1915-1990), autor de *O teatro da morte*; Peter Brook (1925), que dirigiu *Ubu*, em 1977, publicou *O espaço vazio* (1985) e dirigiu *Mahabharat*; Samuel Beckett (1906-1989), que escreveu *Esperando Godot* (1954), peça que apresenta uma humanidade sem perspectiva.

A relação do corpo com os conteúdos e as emoções que se quer transmitir é intensa. Atriz paira na peça *O voo sobre o oceano*, de Bertolt Brecht.

Aqui no Brasil, temos o pintor, arquiteto e diretor Flávio de Carvalho (1899-1973), que realizou um trabalho cenográfico na peça *O bailado do Deus morto* (1932), por meio do qual demonstra sua afinidade estética com a Bauhaus. A influência da Bauhaus repete-se em diferentes países com diversos artistas, como registrei em meu doutorado *A aventura do teatro da Bauhaus*. Recomendo um livro básico para compreender as nuances da encenação teatral que foi escrito em 1925 por Stanislavsky: *Minha vida na arte*.

Iniciei este breve relato citando o Paleolítico e me reporto ao presente quando uma criança me perguntou: "Hoje vamos fazer teatro?". Os olhos dela brilhavam e os nossos também. "Agora vamos colocar a mão na massa", retruquei, "se possível, de papel machê, pois com ele faremos lindas máscaras. Poderemos chamar o pessoal das artes para ajudar".

"Vamos fazer teatro hoje?", tornou a perguntar. "Vamos!", respondi.

Montagem da peça *Os três porquinhos*.
Colégio Madre Alix. Cenário com papelão reciclado.

O TEATRO COMO MEIO DE SOCIALIZAÇÃO

O capítulo demonstra como o teatro no currículo escolar tem funções e objetivos variados e pode ser utilizado como apoio pedagógico e social de enorme valia para o estudante. O professor poderá valer-se dele independente da matéria que leciona: desde conversas informais em classe e jogos de mímica, até o psicodrama pedagógico como ferramenta de ensino.

Vou exemplificar com um fato ocorrido em 2007 no colégio Madre Alix, no município de São Paulo, com crianças do ensino fundamental II. A cena aconteceu no pátio da escola, perto da cantina, quando os alunos do 7º ano faziam um trabalho gráfico a partir da observação de um muro grafitado na parede da escola. Eles deveriam escolher e reproduzir algumas das imagens lá pintadas, registrando-as com lápis de cor em uma folha sulfite tamanho ofício e, a partir daí, desenvolveríamos um breve jogo teatral.

Todos estavam entretidos com a proposta dada, quando, um pouco mais afastado do grupo, um aluno do ensino médio, travestido de mulher e sem trejeitos femininos, com batom, salto alto e vestido decotado vermelho entrava na fila do lanche conversando tranquilamente com os colegas vestidos com roupas do cotidiano. Daquele momento em diante o ritmo mudou: os meus alunos desviavam a atenção para o novo personagem que entrara em cena e risadinhas e gestos pipocavam entre eles.

Aproveitei aquela oportunidade para transformá-la em um jogo educativo. Saindo de onde estava, aproximei-me do rapaz e, já entrando no personagem, perguntei para "ela", ou seja, a personagem: "Querida, você não quer dar um pulinho onde estamos e fazer o favor de dar uma

29

pequena entrevista para aquele grupo de jovens? Eles querem saber seu nome, onde mora etc." O amável personagem (aluno/ator) se aproximou do grupo e, dentro do jogo, sem sair do seu papel feminino, foi dando as informações pedidas. Após a entrevista, agradecemos a atenção e ele se afastou, enquanto os alunos voltavam tranquilamente a trabalhar. A aceitação da cena devolveu a seriedade do trabalho. Naquele instante, sem precisar explicar o que é o teatro ou como devemos nos portar diante de um ator, tudo se realizou na ação, no aqui-agora, na dinâmica da arte do teatro.

Na técnica dos jogos teatrais ou no psicodrama pedagógico, o personagem central recebe o nome de protagonista. O protagonista, escolhido pelo professor ou pelo grupo, chama os personagens necessários à cena, cria o espaço, utilizando acessórios que estão à sua volta e relata para o grupo a história que vai ser encenada e que será mais tarde discutida no grupo. Cada aluno que se candidatar receberá do protagonista o seu "papel", com algumas simples explicações como: "você tem 19 anos e quer trabalhar". Observe outro exemplo, enfocando o tema da organização e responsabilidade. O protagonista relatou que, em uma determinada peça de teatro, participara atendendo proposta de uma professora de inglês, que entregou ao aluno responsável pelos acessórios uma lista de materiais, contendo uma pequena campainha que serviria como o toque do telefone. Entretanto, esse aluno esqueceu de trazer esse objeto. Então, em cena, o protagonista pediu para que o aluno "esquecido" vivenciasse a cena: na hora que o telefone deveria tocar, ele acabou fazendo o ruído com a boca, o que arrancou risos dos colegas. Com isso, ficou claro para todos que quem se encarrega dos acessórios cênicos não pode omitir nada do que é combinado. Esse aluno e todos os outros participantes, atores ou espectadores, perceberam o desconforto criado pela omissão daquele objeto, ficando registrado em suas memórias pelo resto da vida – como tenho comprovado ao me encontrar com alunos que tiveram aula comigo há 25 anos, e que se lembram com detalhes das cenas vistas e vividas em sala de aula.

Quando o professor aperfeiçoa-se em técnicas como a dos jogos teatrais, muitas histórias do cotidiano podem ser sanadas ou amenizadas com a aplicação desses instrumentos pedagógicos, em vez de não serem aprofundadas, o que pode trazer tanto incômodo e prejuízo ao grupo. O teatro/arte colabora com o teatro/pedagógico.

Plateia no CEU Butantã durante a peça *Circo Kandinsky*.

Mais um exemplo, agora quando o objetivo é levantar o tema das atitudes inadequadas, conscientizando toda a classe através da sua teatralização. Lembro-me de uma cena em que os alunos estavam em volta de uma mesa grande da aula de arte, discutindo seriamente sobre os horários mais convenientes para o ensaio, quando chegou um colega carregando uma bandeja com papéis de rascunho, borrachas e um copinho cheio de lápis. Ao se aproximar da mesa, um esbarrão foi o suficiente: todo o material se espalhou pela mesa e pelo chão e a concentração do grupo foi por água abaixo. Na aula seguinte, querendo pontuar o fato ocorrido, iniciamos a repetição da cena descrita, só que trocamos os lápis por palitos de sorvete. Chamamos 4 alunos, pedimos para relembrar a aula passada, escolhemos outro aluno para ser o "atrapalhado", e os demais para repetir o resultado da "infração" da desatenção. Quando terminamos a cena, ficou claro para todos como um simples "esbarrão" atrapalha o trabalho.

Pequenas atitudes como essas podem vir à tona quando repetidas em uma ou outra ocasião usando os recursos dramáticos na didática do professor. O que deve ficar claro é que quanto mais atento o professor estiver, não só na sua matéria, mas nessas pequenas ações como a do copo caindo, mais ele poderá desenvolver um projeto de educação integral, seja na cidade grande, em cidades menores ou mesmo em escolas rurais. O bom convívio social faz parte da educação integral e tem no teatro um ótimo aliado.

Consideramos educação integral aquela que engloba, além da aquisição de conteúdo, noções de ética, respeito pelos colegas e funcionários, baseada no trabalho do grande pedagogo Paulo Freire (1921-1997).

O TEATRO E OUTRAS DISCIPLINAS

Este capítulo aborda o teatro didático como uma disciplina própria, que pode ter lugar especial como apoio pedagógico para outras matérias.

Professores das mais diversas áreas ganharão muito ao conhecer técnicas e jogos teatrais para aplicar nas suas aulas, além de trabalhos de boa qualidade que podem ser vivenciados pelo grupo e que trarão aos professores o domínio de instrumentos didáticos e pedagógicos que o ajudarão a aprofundar certos conceitos através do recurso dessa arte viva, o teatro.

Criação de personagens a partir de peças doadas.
Grupo Ana Etz em São João Del Rei-MG.

Linguagem verbal

O teatro poderá ser utilizado como recurso pedagógico nas matérias relacionadas ao aprendizado das línguas como português, francês, inglês e espanhol. Os exercícios podem surgir a partir de leituras de contos, poesias e de tantas outras propostas criadas pelos professores e pelos alunos. Jogos teatrais e peças de teatro poderão surgir por meio dessas atividades.

Exemplo de exercício: a disciplina de Inglês

- Tema: "palavras em inglês usadas no cotidiano no Brasil" – utilizar palavras encontradas em propaganda, nas vitrines, nas etiquetas de roupas, nos aparelhos eletrônicos. A experiência foi proposta para as turmas de 6ª séries/ 7º ano do ensino fundamental II de um colégio particular de São Paulo (2004), com um pequeno roteiro de diálogos curtos, que motivaram a classe toda. A história se passava em um dos corredores de um shopping center. Os personagens, a mãe e dois filhos, escolhiam uma bermuda que estava em liquidação, *sale* (do inglês: venda, liquidação), e o conflito surgia na hora de escolher as cores, pois não se sabia se todas teriam o desconto da liquidação, como era o desejo da mãe.
- Na primeira etapa, os alunos levaram para a aula de Inglês/teatro uma lista dos nomes das roupas tiradas do livro didático e do dicionário que seriam usados na peça; outro grupo apresentava os verbos, e a professora completava na lousa as frases simples que entrariam no roteiro criado. No dia marcado para a apresentação, os alunos deveriam levar os acessórios que lhes cabia. O espaço cênico fica restrito à lousa, à mesa da professora, que se torna o balcão da loja, e a alguns banquinhos colocados para os clientes sentarem.
- Marcado o dia da apresentação, observa-se que nos corredores outros alunos ficam curiosos para ver a cena. Quando uma turma tem uma atividade com teatro, seja na disciplina que for, percebe-se o interesse e a motivação de toda a escola, desde as primeiras

horas do período escolar, quando os alunos chegam com roupas, mochilas e acessórios diferentes e inusitados, e, assim, a aula de Inglês, ou de outra matéria envolvida, cria e ganha uma atmosfera festiva. O teatro tem esse dom, ele dá valor ao evento, seja uma aula, seja uma comemoração, o que for. Teatro é magia, alegria com seriedade.

Linguagem espacial

Matemática, Física, Geometria euclidiana, sólidos geométricos, arte cubista, não importa o tema, o teatro pode dar sua colaboração facilitando, aprofundando, criando sentido e marcando na memória dos participantes o assunto abordado. Isso porque o teatro cria magia e prazer no ensinar e aprender – qualidades intrínsecas da matéria do teatro.

O teatro/arte aperfeiçoa a reflexão, depura a observação e o ver em profundidade, incentiva o contato social, a permuta de comunicação, a atenção e a capacidade de resolver problemas na hora: por exemplo, quando uma cadeira cai no chão e o aluno fica em estado de "alerta" – isso já traz para o cotidiano do aluno/ator muitas qualidades extremamente valiosas.

Fazendo teatro, o aluno vai vivenciar as relações estreitas entre a arte visual, a música e a dança e, como não citar, também as lutas marciais. Matérias cuja tônica são raciocínios abstratos, raríssimas vezes fazem incursões pelas artes cênicas, infelizmente. São belíssimos os jogos teatrais ou as coreografias que ajudam o professor a se aproximar de outros recursos didáticos normalmente presentes nos cursos para os alunos menores do fundamental.

Na Matemática ou no desenho geométrico, ao estudar ponto, linha e plano, pode-se propor trabalhos de fácil execução e preparação, como a do chão quadriculado. A técnica vem dos jogos teatrais, criados a partir da pesquisa sobre o teatro da Bauhaus (1919-1933), e registra bem a beleza que pode surgir de um jogo teatral.

Jogo teatral

- Na primeira parte da aula, pede-se aos alunos que quadriculem o pátio do colégio ou o chão da sala de aula, com giz ou carvão, ou barbante preso com fita crepe. Os quadrados devem ter 1 m por 1 m, como se fosse um tabuleiro de xadrez, totalizando 9 quadrados.

- A segunda parte do jogo teatral é o momento em que são chamados nove alunos para preencher os quadrados, e o aluno que estiver no centro, a quem daremos o número 9, comandará a cena, enquanto os outros se posicionam nos demais quadrados. O aluno da "casa" central faz o papel de maestro ou protagonista, chamando os outros alunos/atores de acordo com os quadrados numerados ao redor. O aluno convocado deve recitar uma poesia, fazer um comentário ou dizer uma frase de sua autoria, ao mesmo tempo em que vai criando uma estátua. Depois que todos realizarem o pedido do número 9, começa outra sequência, com outro aluno trocando de lugar com o aluno central. Esse é um exercício envolvendo matemática, atenção, memorização de textos e de postura corporal, vivências criativas, observação de regras, pesquisa de material.

ATMOSFERA CÊNICA

O uso de cores, formas, texturas, ruídos, silêncios, luzes, sombras, ritmos e processos sinestésicos, de acordo com os recursos disponíveis, cria o que chamamos de atmosfera cênica. A criação da atmosfera cênica será alcançada e aperfeiçoada através de exercícios práticos, observação e criatividade. A partir de uma introspecção, o professor buscará nas suas vivências o repertório de cores, luzes, ruídos ou mesmo filmes ou peças que o marcaram durante a sua vida. Contar aos alunos essas vivências os estimulará a procurar suas próprias imagens. Cartazes de filmes ou de peças teatrais e reproduções de quadros ajudarão a ilustrar esses momentos.

Preparação do cenário da peça
Circo Kandinsky. CEU São Mateus.

Com esse material em mãos, a próxima etapa é fazer uma análise de alguns tópicos com os alunos. Por exemplo: como o recurso de iluminação é usado na cena observada para transmitir aquela impressão de tranquilidade ou de terror; quais cores, acessórios ou objetos reforçam o que se quer transmitir; o que é supérfluo ou desnecessário e por qual razão.

Para levar os alunos a perceber a importância da atmosfera cênica que se pretende dar à cena, pode-se utilizar o exemplo citado anteriormente de resgatar, na memória de cada um, lembranças de situações vividas, de fatos marcantes em termos visuais (cores, formas), sonoros (ruídos, sons, ritmos) ou olfativos (aromas). Essas vivências relatadas aos colegas darão ensejo a exercícios sensoriais, tácteis, auditivos e visuais muito úteis na criação dos projetos cenográficos.

Os sentidos: um exercício prático

Através do estudo das cores chamadas quentes e frias e a sua influência na psique humana, podemos sugerir algumas combinações para alcançar o clima desejado. Um bom exercício para estimular a percepção das cores é usar folhas grandes de celofane azul, vermelho e amarelo e observar o ambiente através delas. O céu mudará para rosa ou

37

roxo, as árvores ficarão quase pretas e em um instante o mundo mudará de cor. Criar grandes óculos de papelão com papel de celofane é uma forma de se ter um acessório divertido e que desperta a sensibilidade para as cores. Blocos de mostruário de gelatinas coloridas, que podem ser encontrados em lojas especializadas de fotografia e iluminação, também servem para esse fim.

Uma simples luz azul de um abajur colocada sobre a mesinha da cena pode transformar e criar todo um clima desejado. Uma vela acesa em um pequeno castiçal ou mesmo lanternas a pilha enriquecem o trabalho. Em relação ao uso do fogo, o professor deverá estar sempre atento à faixa etária à qual ele se dirige. Imprevistos acontecem e temos que pensar neles, para agir se necessário.

Já a construção da "tábua tátil" servirá para desenvolver no aluno aquilo que se percebe através do tato. Ela consiste em uma placa de compensado sobre a qual serão colados, fixados ou pregados pedaços de tecidos com variadas texturas, como veludo, aniagem, palha de aço, lixa e outros materiais. Como atividade em classe, veda-se os olhos dos alunos e toca-se a tábua tátil nas mãos. A partir daí, os alunos deverão descrever as sensações causadas no contato com as diferentes texturas: se é agradável ou não, que lembranças evocam etc. A tábua tátil estimula o sentido do tato e mobiliza novas sensações.

Certa vez, em um trabalho que tinha por objetivo sensibilizar o aluno para a busca da simplicidade visual, optei por utilizar o foco na luz das velas e a seriedade do andar acompanhando o tom solene da música. Escolhemos para representação uma das "Bachianas", de Villa-Lobos: os atores/alunos entravam no palco caminhando lentamente, acompanhando o ritmo da música, relacionando cada passo com o espaço do palco que deveria ser percorrido. Carregavam uma lanterna abaixo do queixo, bem perto do rosto, iluminando a face e criando um jogo de luz e sombras que, quando bem explorados, serão motivo de medo ou riso, e, posteriormente aplicados em cena, como foi nesse caso. Todo foco de luz projeta sombras que intensificam a atmosfera desejada, seja trazendo impressões de tristeza, de alegria, de mistério ou outras. Um trabalho com a arte visual com o tema do Impressionismo ou do Barroco seria bem oportuno nesse momento. A inspiração para esse trabalho foram os ritmos e as procissões da Semana Santa, em Minas Gerais. A atmosfera cênica pode ser criada também por ruídos, sons, vozes sutis ou fortes, ou mesmo uma gritaria, que vão sensibilizar o sentido de audição, podendo criar efeitos dramáticos que contribuirão para os resultados desejados. Como já apontado, é sempre a vivência do professor que propiciará o andamento do processo artístico. Nesse momento do curso, ele mesmo deve, disciplinadamente, como se estivesse lendo um livro, reservar alguns instantes do dia para escutar o som que o rodeia – e estamos seguros de que ele ficará surpreso com a multiplicidade de ideias que lhe virão à mente e que, mais adiante, as colocará em prática.

Depois disso, repetirá essa experiência com os alunos. Pede-se a estes que fechem os olhos e escutem o que estiver à sua volta, procurando visualizar o som. Pode-se perguntar: o cachorro, de que cor é? A que distância ele está? O caminhão que passou é novo ou velho? Foi desagradável a fumaça que emitiu? A observação do falatório em igrejas, cultos, festas de aniversário, jogos de futebol, saídas de colégio etc. podem constituir um bom exercício para aumentar o repertório sonoro para futuras apresentações. O professor poderá propor que um coro de alunos narre uma cena ou que um personagem narrador o faça enquanto acontece uma cena muda. Esta acompanhará o que está sendo relatado, criando-se, assim, um sutil impacto cênico.

A poética do som pode ser também acrescida de instrumentos de percussão criados pelos alunos, como embalagens vazias de refrigerantes preenchidas com pedrinhas, grãos ou sementes, ou mesmo instrumentos musicais trazidos pelos alunos. É na intensidade do uso desses elementos que a cena poderá ser acrescida e enriquecida. Contudo, não se deve esquecer que o silêncio tem um importante papel no teatro.

RELATO DE UMA EXPERIÊNCIA

Trata-se de um trabalho feito por um grupo de alunos do 5º ano ao 9º ano da E. E. Yolanda Araújo da Silva Paiva (Cananeia/SP), enfocando o problema da poluição da água, do ar e da terra – assunto recorrente nos meios de comunicação e tema das áreas de Ciências Naturais e/ou biológicas.

O professor de Ciências Naturais optou por fazer uma parceria com o teatro, de forma a abordar esse tema, tão problemático e presente em nosso momento histórico, não somente na forma de texto, mas também impregnado de uma realidade física.

O trabalho teve início a partir de um encontro com os professores de Ciências, teatro, artes visuais e música e começou na sala de aula, para depois alcançar a cidade de Cananeia, localizada no litoral Sul do estado de São Paulo. Posteriormente, esse trabalho foi também recebido na livraria Canto da Prosa, em Pinheiros, acrescido de uma exposição de animais com gravuras de Angela Leite, da apresentação de uma peça e da leitura de poesias sobre o tema Ecologia.

A peça apresentada, intitulada *Um banho no rio Tietê*, contou com a colaboração de alguns alunos ligados à música que, além de levarem um teclado, criaram também instrumentos musicais feitos com sucata. Desse evento guardamos fotos, lembranças dos trabalhos realizados e mudas de árvores frutíferas da Mata Atlântica (pitangas, cerejas e araçás), que foram presenteadas pela prefeitura de São Paulo, e posteriormente plantadas nas cidades de Ribeirão Preto, São Paulo e Cananeia.

O enredo da peça apresentada era simples: crianças entram no túnel do tempo, recuam 40 anos e vão, em um fim de tarde de verão, tomar banho no rio Tietê. Tudo estava uma delícia, água limpa, maritacas, garças e araçazeiros, até o momento em que o relógio do tempo quebra, voltando para os dias atuais. De repente, a meninada se vê nadando entre latas, pedaços de paus, plásticos e um cheiro insuportável de enxofre. No final, todos são salvos por um relojoeiro do bairro do Brás, que atrasa o relógio e permite que as crianças possam, assim, chegar limpas e salvas em casa. Elas imploram ao relojoeiro para que o relógio fique como antigamente, mas, como bom profissional, ele não pode agir assim, pois entende que o tempo é dinâmico, não para nunca.

Durante esse trabalho, uma questão impressionou a todos: a enorme quantidade de sucata que o grupo arrecadou em apenas um dia, nas lixeiras do próprio colégio. Uma gravação registrou os ruídos do tráfego de carros e caminhões nas margens do rio Tietê e, junto com a professora de música, os alunos buscaram os sons dos pássaros que lá deveriam existir, como sabiás, tiés, bem-te-vis, maritacas e tantos outros. Esse trabalho contou com o envolvimento dos alunos, dos pais e do colégio, que além de motivar os próprios alunos para a coleta seletiva também divulgou, para além dos muros da escola, a luta por um mundo mais humano.

O TEATRO DESCOBRIDOR DE TALENTOS NA ESCOLA

Num plano ideal, busca-se em educação uma preparação profunda para a vida e não um acúmulo de conhecimentos. Assim, o teatro permite descobrir em nós mesmos e nos alunos as aptidões e os prazeres que podem tornar-se importantes ferramentas de lazer, socialização, complementação de renda familiar etc.

Todos nós temos interesses e aptidões específicos e, muitas vezes, não nos foi dada a possibilidade de percebê-los e muito menos de desenvolvê-los. Constantemente, reparamos que é na escola que o professor descobre e alerta alunos e familiares para determinadas aptidões até então desconhecidas. Um indivíduo pode, por exemplo, na montagem de uma peça teatral, descobrir prazer na pintura, no desenho ou na criação de poesias, transformando essas atividades em hábito de higiene mental, sem, contudo, se tornar um grande pintor ou poeta. Tal ganho permite ao indivíduo viver com melhor qualidade de vida, sem ficar apenas entregue à chamada luta pela sobrevivência. Essas situações criativas, lúdicas, de higiene mental permitem ao indivíduo conectar-se com seu interior, percebendo um sentido melhor em sua vida, partilhando com a sociedade seus achados.

A aula de teatro, dentro e fora da escola, possibilita ao professor detectar uma infinidade de traços da personalidade do aluno e cria, de forma segura, condições para as descobertas citadas. Na sua essência, o teatro é uma área que abrange uma infinidade de outras áreas – motivo pelo qual possibilita a descoberta de aptidões e talentos intrínsecos, atendendo às normas exigidas pelo Ministério de Educação e Cultura. São especificamente algumas dessas vocações ou aptidões que o professor poderá identificar durante o curso: o talento para a criação de textos literários, de histórias, dramas ou comédias; a habilidade para a música ou dança; para a criação de cenários, confecção de acessórios ou mesmo o desejo de abraçar o palco com o corpo e o coração e se perceber ator. Na criação dos personagens também se manifesta o talento para a maquiagem, a criação de figurinos, acessórios ou bijuterias, acompanhados pelos dotes artísticos do desenho, da sensibilidade pelas cores, luzes, pesquisas de sons etc.

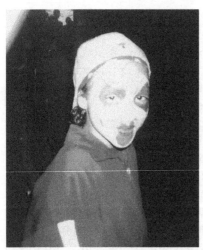 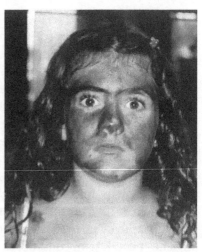

Aluna do CEU São Mateus maquiada para a criação de figurinos.

Preparação do personagem, rosto pintado de preto.

Durante o processo de uma montagem, alguns alunos vão se interessar mais pela organização dos materiais, pela preparação do cronograma de ensaios ou pela confecção e restauro de acessórios, do que por subir ao palco. Indivíduos com liderança, carisma e criatividade podem ser observados desde o início dos trabalhos.

Lembro-me de que, em certa oportunidade, estudava-se a obra de Monteiro Lobato com crianças de 8 anos e um dos alunos se interessou tanto pelo tema que quis montar o *Sítio do pica-pau amarelo*. A classe "pegou fogo", as crianças instantaneamente motivaram-se, as ideias brotaram de todos os lados, juntamente com os diálogos escritos que eram lidos e aplaudidos por todos. Os desenhos elaborados nesse tipo de atividade eram colocados nas paredes da sala. O objetivo pedagógico com essa montagem do *Sítio do pica-pau amarelo* era, além de conhecer melhor a obra de Monteiro Lobato, envolver os alunos para a criação de várias cenas. Com isso, logo no princípio do curso já poderíamos ter uma ideia dos tipos de aptidões que surgiriam a partir desse trabalho.

Como de costume, formaram-se grupos com cinco alunos, que deveriam escolher entre ser Emília, o Visconde de Sabugosa, o Pedrinho, a Tia Anastácia, a Dona Benta. Cada personagem de cada grupo deveria contar resumidamente um dos episódios para os demais colegas, e, a seguir, sorteava-se a cena de modo que cada integrante do grupo deveria fazer a "sua" interpretação para o personagem escolhido. Nessa dinâmica, o espaço ideal para a realização do exercício são áreas abertas e protegidas, ou grandes galpões, pois teremos vários grupos ensaiando e criando pela primeira vez uma mesma cena. O professor deve pedir aos alunos que falem mais baixo do que o normal, para não atrapalharem os outros alunos/atores.

A partir desse exercício já podemos destacar algumas aptidões: nos primeiros momentos surgem os líderes, os que têm prazer na organização, os que se superam na elaboração do cenário e assim por diante.

Transformação dos objetos dentro da sala, dando novas funções: a mesa se torna uma casa.

Na sequência, o ideal é discutir o que foi feito durante as apresentações, pedindo a cada aluno que escreva algumas frases sobre o seu personagem, ou que faça um desenho, e que o exercício seja entregue na próxima aula.

TRAJETÓRIA NA PREPARAÇÃO DE UMA PEÇA

A etapa inicial no trabalho de preparação para uma montagem é chamar a atenção do aluno para importância do Espaço (A) que existe ao redor dele. Uma forma eficiente para isso é relatar experiências pessoais como exemplo, transpondo tais vivências para as artes, sejam cênicas, poéticas ou musicais.

Pergunta-se aos alunos sobre passeios ou lugares que costumam frequentar e que estejam associados a uma forte emoção, de forma que, ao recordar esses lugares, eles revivam o prazer ou o medo que sejam indeléveis em suas memórias.

Para vencer a inibição natural do grupo de alunos, o professor deve relatar uma vivência, para motivá-los a falar também. Depois da percepção do Espaço como elemento emocional, segue-se para a Leitura da Peça (B). O grupo pode ficar sentado em roda, e todos leem partes da peça. A próxima etapa é a Repetição da Leitura (C), que busca trabalhar a altura da voz e os ritmos que podem ser imprimidos às frases ou aos versos do texto. Para esse momento do trabalho, é interessante modificar os grupos de leitura, sugerindo novas duplas, por exemplo.

O próximo estágio é o Aprofundamento (D), focado nos dados espaciais e geográficos onde a história relatada se situa. Por exemplo, em *Morte e vida severina*, de João Cabral de Melo Neto, o aluno do grande centro urbano terá contato com uma paisagem agreste, totalmente desconhecida para ele. Para o Aprofundamento, nesse caso, o professor pode trabalhar com o famoso quadro *Os retirantes*, de Candido Portinari. A partir do estudo dessa imagem, e de outras adequadas, o aluno fará o levantamento da natureza do sertão e do agreste do Nordeste do Brasil, bem como das formas cênicas mais adequadas para representá-los.

Complementado o Aprofundamento, tem-se a Pesquisa (E) propriamente dita. Pede-se aos alunos que tragam para a aula material fotográfico, CDs, livros e, eventualmente, objetos pessoais que possam ser relacionados ao universo da peça. No caso de *Morte e vida severina*, todo o vasto material associado à cultura nordestina e que pode ser explorado pelo professor como forma de enriquecer os conceitos que serão usados posteriormente no cenário e nos acessórios de cena.

A etapa final da trajetória na montagem de uma peça é a Leitura e Releitura do Texto (F), concluindo as cinco etapas anteriores (A, B, C, D, E). Depois de lido e relido o texto, o professor deve propor jogos dramáticos e sonoros para se dizer o mesmo texto, por exemplo: recitá-lo muito rápido, devagar e cantarolando, em câmera lenta. Com essa dinâmica, o aluno termina memorizando as falas, sem falar que com o recurso dos jogos também ganha a vivência distinta de se comunicar com um texto pela exploração da fala.

EXPERIÊNCIAS DOS ALUNOS NA MONTAGEM DE *MORTE E VIDA SEVERINA*

Durante a montagem do texto de João Cabral de Melo Neto em uma escola em São Paulo, perguntamos aos alunos se algum deles saberia cantarolar uma música de Luiz Gonzaga ou de algum outro compositor do Nordeste. Nenhum aluno respondeu. Em Minas Gerais, foi feita a mesma pergunta em outra escola e, com alegria, fez-se um dueto com afinação para "Asa Branca". Foi a partir da constatação de certa alienação musical da meninada que houve a aproximação com a professora de música da escola, tendo início um trabalho de sensibilização com apitos imitando os sons de vários pássaros do Brasil. Outra vivência significativa em relação à montagem dessa peça em sala de aula ocorreu no estágio inicial da trajetória, quando fizemos as primeiras perguntas sobre as habilidades de cada aluno e houve um que, com certa timidez, contou que gostava de dobraduras e aprendera com um livro presenteado por um tio a fazê-las sem recorte ou colagem, apenas papel. Diante do talento desse aluno para o origami, o professor de teatro propôs um resumo do enredo de *Morte e vida severina* e a adaptação dos personagens a bonecos de papel de 10 centímetros cada um.

O teatro, como se vê, não tem fronteiras. Quantas são as possibilidades que se abrem para a mesma história, quantos detalhes dentro da própria encenação podendo se desdobrar em outros enredos. Assim é também a aula de teatro: o professor trabalha com uma matéria viva, e, se tentar engessá-la, ou por medo, insegurança de não dar certo, terá a sensação de estar fugindo de um aprendizado muito mais amplo, tanto para seus alunos, como para si próprio, enquanto professor.

Criação de um cubo em cena:
só ele será iluminado no início da peça.

PERCEPÇÃO DO CORPO
FORA E DENTRO DO AMBIENTE ESCOLAR

A consciência corporal é elemento base no teatro e o professor pode ajudar o aluno a despertá-la, de modo a enriquecer o trabalho cênico, além de trazer satisfação pessoal e para o público.

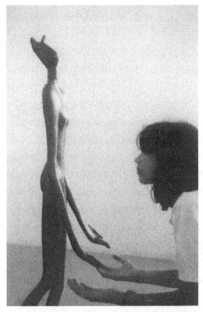

Aluna interage com uma escultura na busca da essência de um gesto.

Percepção corporal: inter-relação com uma escultura.

A consciência corporal, seus limites e superações estão ligados à psique do indivíduo, e essa consciência é importante para se iniciar qualquer exercício ou jogo teatral. Perceber o próprio corpo é também de essencial importância na vida. Como sabemos, as mudanças corporais que ocorrem no período da puberdade geram conflitos aos adolescentes que, por exemplo, confrontam-se com os modelos de beleza impostos pela mídia. O trabalho do professor pelo domínio do corpo no espaço cênico vai ajudar o aluno/adolescente a superar atitudes de insegurança, possibilitando uma postura corporal mais harmoniosa e confiante.

Um simples exercício de andar atento pelos corredores da escola, pelo pátio ou dentro da classe proporcionará ao aluno percepções novas. Observar a si próprio e ao outro traz para o aluno conteúdos vivenciais, emocionais, estéticos e sociais de profunda valia, que poderão ser registrados em um caderno e posteriormente compartilhados com os colegas na presença do professor, que apontará os itens que lhe pareçam importantes. Jogos dramáticos enriquecem esse tópico, como andar de olhos fechados, segurando uma corda, mantida esticada por um colega em cada ponta da corda.

Como tarefa de casa também há boas propostas de exercícios para a observação do corpo como linguagem da comunicação, em diversos ambientes, da sala de aula, propriamente dita, ao espaço do bairro e da cidade onde os alunos vivem. Por exemplo: o aluno deve observar uma fila de idosos de um banco; ou um grupo de alunos do ensino médio saindo do colégio, cada um com sua forma de andar, rir e gesticular. O observador deve atentar para como as pessoas, mesmo com diferenças de idade e de sexo, apresentam gestos e traços semelhantes, trazendo essas observações anotadas para a próxima aula, quando o professor e os alunos poderão usá-las para estudar os estereótipos encontrados na nossa sociedade. Além do registro em texto, um registro através de pequenos esboços também seria um rico material humano que mais tarde seria resgatado por jogos teatrais.

Saber perceber o espaço e descrevê-lo com a linguagem oral é um exercício enriquecedor e sempre válido, já que as observações de cada aluno enriquecerão o grupo. Uma forma de ressaltar esse trabalho é, na sua continuidade, pedir aos alunos que tentem, com o máximo de fidelidade possível, representar com seu próprio corpo os diversos personagens observados e apresentados na classe. Para os grupos iniciantes, ainda tímidos com esse tipo de exercício, uma solução é pedir que metade da sala dramatize, enquanto a outra parte observa e aí, no final, discute-se a importância do processo vivido.

Grupo de alunos em Campos do Jordão
formando uma mandala de harmonia e paz.

Percepção do corpo no espaço. Habilidade
de movimentar-se no ar como as "aranhas" da peça.

A percepção espacial envolve também a questão dos processos sinestésicos, com a interação de imagens, sons e cores inusitadas que, no ambiente externo, desencadeiam outros sentidos, com níveis de percepção nunca experimentados. Para vivenciar essa experiência nova, pode-se pedir que os alunos vedem os olhos e caminhem devagar pela sala, com o apoio de um colega, esticando os braços para apalpar objetos colocados em mesas ou pendurados nas paredes. Nesse exercício, o foco é desenvolver no aluno outras percepções através do corpo, numa situação delicada que é a privação da visão. Para complementar essa etapa da percepção, o professor pode trabalhar com a proposta do resgate da memória corporal. Pede-se aos alunos que listem os lugares por onde andaram; por exemplo, na areia da praia, sobre pedras, tapetes, e, a partir dessa lista, surgirão várias propostas dadas pelos próprios alunos que reviverão suas experiências corporais: a sensação de vastidão e amplidão que nos provoca uma praça deserta ou à beira-mar; ou o inverso, a sensação que se tem ao entrar num espaço cheio de gente, apertado, sufocante, como elevadores, metrô e ônibus.

A conscientização dessas sensações reverterá, tanto no teatro como na vida, em boas *performances* criativas. O corpo em relação às outras pessoas, a percepção dele inserido na multidão e a noção do indivíduo no coletivo espelhando-se no voo dos pássaros, nos jogos de futebol, na saída das aulas ou na chegada de um grupo de pessoas desconhecidas – situações que podem ser apresentadas no teatro como verdadeiras "danças corais", tão caras a Rudolf Laban (1879-1958).

EXERCÍCIOS DE PERCEPÇÃO CORPORAL PARA OS ALUNOS

Os exercícios grupais que levam o aluno a vivenciar situações do corpo em movimento proporcionam, além de percepções indeléveis aos alunos, experiências que futuramente poderão servir para o repertório em cena.

- **1º exemplo**: exercício de andar na mesma direção. Conforme o número de alunos, divide-se a classe em dois ou mais grupos.

Afastam-se as cadeiras para um lado da sala e pede-se para que os alunos fiquem encostados na parede. Quando é dada a ordem "andar lentamente", todos vão para o lado oposto, sempre com o mesmo ritmo, e então retornam para onde estavam. Repete-se o exercício com ritmos diferentes, isto é, andar mais rápido, rapidíssimo, mas sempre para a direção oposta em que estavam.

- **2º exemplo:** exercício de "andar em todas as direções". Essa dinâmica sempre gera um clima muito propício a momentos hilariantes, pois os alunos acabam dando esbarrões e encontros acidentais uns nos outros. O professor deve manter a meta clara para evitar a desatenção, recorrendo ao exemplo que essa é uma situação cotidiana, comum, por exemplo, nas grandes metrópoles no princípio e no final do dia, quando se chega para o trabalho ou quando se retorna para casa.

- **3º exemplo:** exercício de movimentos simples a partir das danças de Oskar Schlemmer, professor da escola da Bauhaus. Essa sequência é também chamada de movimentos de caracol. São coreografias que se aproximam das teorias de movimento de Rudolf Laban, dos movimentos propostos pelo coreógrafo Ivaldo Bertazzo e pelo dançarino Viola. Escolhe-se aleatoriamente um aluno, que receberá o nome de "Ponto Um", atrás dele virão os outros pontos 2, 3, 4, 5, 6, 7, e assim por diante. Depois que todos estiverem posicionados em linha, o professor dá uma nova ordem de agrupamento, por exemplo: "o número 7 na frente". O aluno designado com esse número deve andar sem pressa até outro ponto da sala, acompanhado pelos outros em ordem decrescente (6, 5, 4, 3, 2, 1), sempre formando um caracol. Conforme os alunos se integram ao movimento, o professor sugere outra repetição em um ritmo mais rápido, com outra ordem de comando, como "estátua", por exemplo. Da interação da sala com esse exercício podem surgir outras estruturas de movimentação ou "desenho". Se houver lousa na sala, o aluno poderá desenhar ali sua sugestão de "desenho", pois isso facilitará a compreensão de todos. Riscar no chão de cimento com giz ou carvão é outra proposta de registro gráfico.

- **4º exemplo:** observação dos movimentos dos animais, a partir da visita ao jardim zoológico. A observação dos animais domésticos no seu habitat (uma ninhada de cachorrinhos, por exemplo) é outra proposta que pode ser explorada, com o intuito de analisar o treinamento físico que os animais fazem para sobreviver, desenvolver suas habilidades e rapidez, através dos jogos e brincadeiras entre eles. É interessante fazer com que os alunos percebam os jogos que esses animais criam e como sabem motivar o "público" que os assistem, isto é, seus irmãos de ninhada, que acabam também entrando nas brincadeiras. O motivo da disputa são geralmente coisas de extrema simplicidade, um coquinho amarelo com 2 cm, ou um pedacinho de pau. Quando um deles está passivo, arredio, o mais dinâmico deles o puxa para a roda, através de diversos tipos de motivação: esfregando o focinho nos brinquedos, paninhos, até que em dado momento todos entram nos jogos.

Interação da dinâmica corporal com outras disciplinas

Um dos elementos do teatro é a ação do corpo no espaço cênico. Mover-se é um ato que exige energia, concentração e percepção do corpo. O ator ou o aluno/ator deverá saber usá-lo, partilhando-o com os outros personagens e também colocando sua energia à disposição de seu personagem. Na escola, uma das disciplinas que mais contribui naturalmente para esse processo é a área de Educação Física. Durante a dinâmica de um jogo de futebol ou de basquete, por exemplo, o tempo todo é exigida a participação do indivíduo para alcançar um objetivo grupal – essa percepção corporal tem seu equivalente na montagem teatral: o jogador tem de estar atento ao parceiro durante todo o tempo, assim como no teatro. Para tudo dar certo, é preciso estar alerta, atento tanto às suas performances como às do parceiro.

Yoga, natação, esportes e lutas marciais são algumas das atividades que também colocam o indivíduo em uma atitude de profunda percepção do seu corpo, que é o objetivo nesse momento de reflexão corporal. E, muitas vezes, esse movimento pode surgir de modo espontâneo em áreas que, a princípio, não pareceriam propícias. Certa vez, por exemplo, durante seu curso de Ciências Naturais para as 6ª séries/7º ano do ensino fundamental II em um colégio particular de São Paulo, o professor José Ricardo B. C. Gargiulo utilizou-se do teatro, criando um momento em que os alunos representavam animais, seu comportamento e formas de comunicação; bem como outros seres vivos, tais como plantas em desenvolvimento. Fantasias, sons, luzes foram ricamente utilizados para esse fim. Primeiramente, os alunos fizeram um estudo das características do corpo e do comportamento do animal escolhido e, com esse foco na pesquisa, ficaram muito motivados a desenvolverem o melhor trabalho para, depois, poder melhor representar esse animal. Sob a orientação do professor, buscaram diversas fontes bibliográficas, fizeram anotações, juntaram imagens, prepararam figurinos, ensaiaram os movimentos e criaram duplas ou trios para representarem a relação natural entre os animais de presa e predador. Desse trabalho integrado, puderam desenvolver as expressões das emoções dos animais através da imitação de gestos e posturas corporais.

Ao perceber o corpo do animal, quando o aluno se torna um deles, através de seu personagem, o aluno toma conhecimento do espaço que o rodeia, a relação que tem com ele, a importância de seu habitat. Tal trabalho ajuda também a entender as formas de comunicação entre pessoas, como linguagem verbalizada, sonorizada, gestos e comportamentos e a importância da comunicação como ferramenta de adaptação. Em resumo, o teatro como fonte de percepção e de conteúdos programáticos.

CRIAÇÃO DE PERSONAGENS EM EVENTOS ESCOLARES

O processo de construção do personagem no teatro abrange vasta fonte de inspiração, de fatos reais e históricos à criação livre do dramaturgo e adaptação de figuras cotidianas. Do ponto de vista teórico, a dinâmica de criação do personagem deverá ser vista e revista pelo professor, a partir de levantamentos feitos em classe, complementados por questionamentos dos alunos, que podem ser registrados na lousa ou em fichas individuais e depois discutidos em classe. Do ponto de vista prático, o capítulo também segue com sugestões para a caracterização desse personagem.

No teatro, chamamos de personagem aquela figura dramática que encaminhará toda a história, de forma linear ou não. O personagem pode ser corporificado pelo ator ou por um boneco, objeto, voz, sombras, e por ele passa a história que os alunos vão contar através do espetáculo teatral. Como sabemos, alguns personagens são universais e atemporais, como Dom Quixote de La Mancha, Romeu e Julieta ou Alice (no País das Maravilhas).

Em sala de aula, o momento da elaboração do personagem envolve criatividade e magia, e deverá ser tratado pelo professor com cuidado e atenção, pois qualquer deslize ou exagero poderá pôr em risco esta "vida" que está por vir. Todas as formas de realizar essa construção são válidas, desde os relatos orais até os escritos ou desenhados, sempre na busca de um consenso. Durante esse processo, o professor não deve se esquivar de nenhuma pergunta que o aluno fizer, pois para ele aquela pergunta lhe trará a segurança que ele está buscando para a idealização

Alunas se preparam para viver os personagens.

e construção do personagem. Devolver a pergunta ao aluno é uma boa estratégia, pois, quando ele a faz, geralmente já está com a resposta pronta e só precisa da confirmação.

Escolhido o personagem, o professor coordena sua construção. Citando o grande teórico de teatro Stanislavski (1863-1938), parte-se de seu corpo físico: se é moço, idoso, atlético, raquítico; se possui alguma deficiência etc. Os detalhes ficarão cada vez mais sutis: se a sua voz é grave ou aguda, se é irritante, se fala alto, baixo, mansamente, devagar ou rápido; se o andar é leve, saltitante ou pesado. As nuances do falar podem ser desenvolvidas com exercícios preliminares, despertando na classe a percepção de que uma mesma frase ou uma mesma palavra poderá ser dita com diferentes entonações, espírito ou ânimo.

Esse processo de concepção do personagem pode ou não ser acompanhado de exercícios realizados na prática, dependendo da característica do grupo e de sua desenvoltura. Para os indivíduos mais tímidos, os exercícios preliminares podem ser feitos com os olhos vendados, pois isso ajuda muito a desinibir. Um trabalho de leitura em voz alta também pode trazer bons resultados. Entrega-se para cada um do grupo um texto com cerca de cem palavras ou uma lauda. De posse do texto, todos iniciam uma leitura em voz alta, seguida de uma individual, cada um com seu ritmo. Posteriormente, o professor orienta uma nova leitura, em um ritmo mais lento e em voz baixa, passando depois para rápido e voz alta e, por fim, cada aluno escolhe a sua maneira de expressar o texto. Nas classes muito numerosas divide-se o grupo. Enquanto o primeiro lê, o outro permanece sentado, observando e, em seguida, trocam-se os papéis. Como tudo em educação, outras formas e dinâmicas poderão ser criadas, a partir da criatividade do professor e dos alunos.

A partir da leitura do texto, o professor conduz a sala para a observação dos sons externos, de forma que os alunos possam perceber a importância da voz para seu personagem. Pede-se que, em casa, eles comecem a buscar a voz de seu personagem, advertindo-os que todas as escolhas serão válidas, desde que estejam compatíveis com aquilo que querem transmitir ao público.

Pode ser uma forma de falar estereotipada? Sim, por que não? Se essa estereotipia corresponde à figura criada, se seu personagem age assim, é ele que dá a ordem e a última palavra. Depois de ter esmiuçado o personagem em suas características físicas, cria-se a sua história pessoal, sua trajetória de vida. Esse é o momento em que o professor deve sugerir aos alunos que eles reflitam sobre a personalidade e as emoções do personagem – isto é, aquilo que ele pensa de si próprio e que é o estímulo para a sua fala. É o que chamamos em teatro de subtexto do personagem.

A criação do subtexto é muito importante, pois é através disso que podemos nos aprofundar na alma do personagem e compreendê-lo de forma verdadeira. Ao se colocar no lugar dele, ao pisar em suas pegadas para experimentar sua felicidade ou a sua dor, ao se apropriar da história dele como se fosse a sua própria, o aluno realmente estará no exercício de interpretação.

A criação do personagem passa pelas características já descritas, acrescidas da maquiagem, do figurino, do uso de acessórios, do ritmo, da cultura, de hábitos, cacoetes e assim por diante. O aluno terá como tarefa observar o mundo e as pessoas com atenção, levando suas observações para o encontro seguinte.

O nascimento de um personagem raramente acontece sem dificuldades, mas às vezes nasce pronto, como "os gatos, que já nascem prontos", dizia Pablo Neruda (1904-1973). Todo o tempo possível que for dedicado à sua concepção será válido, prestando-se atenção em todos os detalhes. Uma simples meia de cor vermelha vem à tona, na última hora. Mas qual vermelho? O aluno escolhe e tudo parece ser simples, mas por detrás da atitude tem de haver muita percepção, sabedoria e estudo para escolher a cor certa da meia. No processo, o professor deverá destacar para o aluno que o personagem, durante as várias apresentações, irá se modificando, mudanças sutis que enriquecerão sua atuação e, como consequência, a peça toda crescerá.

O domínio da perna de pau só traz benefícios para as novas formas de expressão do aluno-ator.

Acessórios em cena

O momento de criação do personagem, como se vê, envolve uma dinâmica peculiar para a sua caracterização. Além do linguajar, trejeitos e da cor da roupa, é preciso também se ater com cuidado aos acessórios que deverá usar, como: bengalas, guarda-chuva (novo ou velho?), muleta, disfarces, óculos escuros – enfim, elementos que, somados ao figurino, ajudarão a defini-lo.

O contato com o figurino de peças de anos anteriores é válido nesse momento do processo, pois dessa dinâmica podem surgir ações para que as peças sejam reaproveitadas e remanejadas, além da própria elaboração dos personagens a partir de ideias coletivas. Óculos coloridos com armação do tipo Chacrinha que nenhum aluno havia visto ainda podem definir um personagem ainda sem muita graça, por exemplo. Para esse acervo de figurino escolar, as doações recebidas são sempre muito bem-vindas pelas escolas. Fantasias, acessórios de festas e mesmo sacolas de roupas usadas podem conter boas surpresas. Perna de pau, apitos, reco-reco, berimbau, calças largas de palhaço, enormes gravatas, óculos, xales, babadores, vestidos velhos, máscaras, luvas, sapatos – uma gama de objetos desencontrados, mas que para a aula de teatro têm extremo valor.

Montar e cuidar do acervo é uma das atribuições do professor, que pode incentivar a sala para o projeto conjunto de montar um "museu" que servirá de apoio à criação dos personagens.

A sensibilização para a importância dos acessórios também passa por exercícios com acessórios irreais, inexistentes, com apoio da mímica, pantomima e toda a capacidade do aluno em pegar, olhar, sentir o peso e tornar matéria o que não existe. Um dos exercícios mais conhecidos para isso é a famosa cena de Etienne Decroux deslizando suas mãos em um vidro plano inexistente. Outra referência marcante em personagem com uso de acessório é o Carlitos, criado por Charles Chaplin. Carlitos, com seu chapéu coco e sua bengala, sua maneira de andar acrescido do figurino, dos sapatos e da maquiagem, conquistou o mundo, tornando-se um personagem universal e atemporal.

Para esse propósito, em sala de aula, o professor pode contar com a dinâmica dos jogos teatrais com acessórios, como os exemplos a seguir. Com eles, os alunos começam a entender que, em cena, segurar um simples copo ou brincar com uma pequena corrente presa ao dedo, pode ser tão importante na peça como o momento de grande dramaticidade em que o herói puxa uma espada para duelar.

- **1º exemplo:** jogo com acessório inexistente, como uma partida de pingue-pongue. Para esse jogo marcamos com uma linha imaginária a rede da mesa, raquetes e uma bolinha. O jogo começa e, se os alunos atores estão bem concentrados, o público escuta até o ruído da bola tocando na mesa ou no chão (o aluno produz o ruído com um peteleco no interior de um copo de plástico).
- **2º exemplo:** frescobol ou tênis de praia. Acessórios reais e os imaginários, inexistentes, mas que se tornam reais a partir da mímica e da pantomima. Numa das mãos, a que presumidamente o jogador seguraria a raquete, ele segura um copinho descartável de plástico branco, e com sua destreza, tira um som como se a bola batesse na raquete. O outro colega também faz o mesmo gestual. Os alunos poderão criar outros jogos, outros sons, como o de tirar a rolha de uma garrafa com gás, ou de um champagne. Precisa ficar claro para o aluno que tudo que entra no espaço cênico, seja um objeto enorme, seja um pequeno acessório é importante.
- **3º exemplo:** gincanas teatrais. Em muitas ocasiões, as gincanas ou os jogos teatrais dos colégios podem se transformar em peças de teatro. Os jogos teatrais, utilizando desde jogos de mímica até a brincadeira de descobrir nomes de filmes, ou o simples jogo de tentar reproduzir sons onomatopaicos com a boca, como o apito do trem, a freada de um carro, ou a busca por sons corporais, fazem os alunos vivenciarem um momento breve, mas intenso, quanto à percepção dos sons e seus significados, e como isso pode ser um acessório fundamental em cena.

Gincanas ou jogos teatrais podem se transformar em peças de teatro no decorrer das aulas.

O TEATRO DA BAUHAUS NA ESCOLA

A escola da Bauhaus, fundada em 1919 em Weimar, na Alemanha, por Walter Gropius (1883-1969), até pouco tempo era conhecida somente por seus cursos de Arquitetura e Design. Mas, depois de fechada pelos nazistas, no ano de 1933, muitos dos seus professores emigraram, divulgando para diversas áreas suas ideias e conceitos, extremamente modernos para a época e de grande contemporaneidade. Veremos como o curso de Teatro da escola da Bauhaus e suas práticas podem contribuir com o teatro nas escolas brasileiras.

Bauhaus era uma escola de artes direcionada a tudo que se refere ao homem no seu espaço, no seu habitat e na sociedade em que vive. Como uma escola inovadora, incluía em sua programação pesquisas sistemáticas, orientadas para facilitar a vida: o belo deve ser funcional. A forma dos objetos exige praticidade, comunicação, facilidade de uso e respeito ao ser humano e às suas medidas, além de respeitar a ergometria. Entre os professores mais relevantes da Bauhaus, podemos citar Mies van der Rohe, Wassily Kandinsky, Paul Klee, Joseph Albers, Moholy Nagy, Johannes Itten e Oskar Schlemmer, que deram valiosas contribuições como artistas e também como pedagogos, tendo criado o que hoje é conhecido como ciência da imagem ou comunicação visual.

A escola da Bauhaus também foi a primeira a colocar o teatro como matéria curricular, subdividida em outras especializações. Pautada pela incessante busca de novas soluções e pelo trabalho sistemático de síntese, resultou em propostas teatrais que até hoje surpreendem pela criatividade, principalmente se levarmos em conta os parcos recursos técnicos disponíveis na época – os primórdios do cinema mudo.

Na cena, busca-se materializar conceitos abstratos como ponto, linha e plano. CEU São Mateus, peça *Circo Kandinsky*.

O curso de teatro dessa escola, inicialmente dirigido por Lothar Schreyer (1893-1966) e depois por Oskar Schlemmer (1888-1943), contribuiu muito para as novas pesquisas teatrais desenvolvidas no Black Mountain College, nos Estados Unidos, e influenciou o importante diretor Bob Wilson (1941). No Brasil, sua influência aparece na obra do atuante diretor e cenógrafo Antunes Filho, também em José Serrone e no Grupo XPTO, criado por Oswaldo Gabrielli, para citar alguns.

Muitas das propostas realizadas naquele curso de teatro serão de grande pertinência quando aplicadas na prática das escolas do Brasil, como já foi comprovado tanto em sala de aula como nas montagens de espetáculos. Por ter como característica uma expressão teatral que se afasta do naturalismo, a Bauhaus buscou a síntese através de uma expressão cênica abstrata. A natureza não lhe serve como referência formal, pois recria e busca um mundo novo, tanto no conceito, quanto na prática. Os acessórios e o figurino dos personagens, por exemplo, eram confeccionados pelos próprios alunos. De extrema simplicidade, reforçavam esse distanciamento com o naturalismo, que até então se valia de cenários entulhados e um acúmulo de objetos e acessórios.

Máscaras de Oskar Schlemmer. Na escola da Bauhaus, os alunos tinham no programa curso de confecção de instrumentos musicais e máscaras.

Ensaio de uma peça na sala multiuso.

Em alguns dos personagens criados por Oskar Schlemmer, para exemplificar, observamos nos figurinos a presença de elementos geométricos como triângulo, círculos e o uso das cores primárias azul, vermelho e amarelo; também se destacam os enchimentos nas roupas que recriavam um novo visual para o corpo humano assemelhando-o aos robôs dos brinquedos infantis. Influenciada pela estética do teatro oriental e da *commedia dell'arte* italiana, a Bauhaus chega ao "teatro de tipo".

Transferindo essas experiências para a sala de aula, passamos às orientações e aos exercícios que podem ser aplicados pelos professores. Em primeiro lugar, o figurino, que será executado observando-se esboços previamente preparados pelos alunos. A proposta é clara: procura-se não se ater às roupas do nosso cotidiano, mas sim recriá-las, tentando chegar a um novo conceito do vestuário e recriando o próprio corpo com essa nova roupa. Para facilitar a visualização da proposta, imagina-se um figurino que poderá parecer um robô.

Outro exercício advindo desse curso da Bauhaus é o de ampliar os membros superiores do personagem através de enormes varas amarradas aos braços, alongando-os e redimensionando cada pequeno movimento realizado pelo aluno-ator.

A busca das abstrações formais, sempre respeitando as funções do corpo humano de andar, pular, sentar, resultará em inusitados figurinos. Para sua confecção pode ser utilizada sucata, garrafas de plástico, alumínios, latas, arames, jornal ou tecidos leves como filó e papelão. O uso de malhas com enchimento de isopor ou espumas dará bons resultados, e as cores primárias azul, amarelo e vermelho trarão o impacto visual, coerente com o conceito proposto pela escola: a abstração e a síntese de imagens na busca por um novo teatro.

O trabalho de criação do personagem poderá nascer a partir da dinâmica anterior, com o figurino. Esse é um processo oposto ao habitual, no qual se cria primeiro o personagem e depois o figurino. Muitos personagens de Schlemmer nasceram desta forma invertida de ver a criação. Para complementar a proposta da Bauhaus, os cenários deverão ser enxutos, com escadas, biombos e caixas, nos quais a simplicidade deve imperar.

Um espaço assim delimitado convida a posturas e comunicações mais objetivas, diretivas. A partir de diferentes jogos teatrais, executados com os conceitos já citados, começam a aparecer cenas extremamente originais e um enredo simples pode delinear-se. Os acessórios cênicos se harmonizarão com a cena: surgem bolas coloridas, arcos, bambolês, fitas presas em varas, cordas e máscaras. Aprofundar-se nesse tipo de pesquisa permite a alunos e professores perceber a importância de se eliminar tudo o que é supérfluo em uma cena.

Trata-se de um trabalho experimental, no qual se procura uma forma nova e pessoal de comunicação teatral. Professor e aluno caminham juntos e não raramente criam soluções de grande criatividade, como já vivenciei nos ensinos fundamental, médio e superior e – por que não registrar – nos cursos de pós-graduação da USP que venho ministrando periodicamente desde a apresentação da minha tese, intitulada *A aventura do teatro da Bauhaus.*

A expressão artística não tem idade, é um tesouro que todos guardamos, é só adubá-la para que ela brote e dê bons frutos. Aprofundar-se nesse tipo de pesquisa faz com que alunos e professores possam perceber a importância de se eliminar tudo o que é supérfluo em uma cena, como o fez o dramaturgo, diretor e ator Luiz Fernando Ramos na sua peça *Morta (viva)*, inspirada em Oswald de Andrade.

EXEMPLOS PARA A SALA DE AULA

A peça *Circo Kandinsky*, escrita e dirigida por mim e desenvolvida e encenada pelo Grupo Cubo, apresenta muitos dos elementos da escola da Bauhaus citados neste capítulo. Foi apresentada para 10 mil crianças nos teatros das 21 unidades dos Centros Educacionais Unificados (CEU) da Prefeitura de São Paulo, em 2005, e também no Auditório do Museu de Arte de São Paulo (Masp) em 2005.

O público, crianças de várias idades, a partir de 2 anos, foi sensibilizado pelas formas poéticas, diretas e simples da mensagem apresentada sem excessos de acessórios. O tema da montagem continha noções difíceis de serem transmitidas e absorvidas até pelos adultos, como "síntese", "abstração", "plano no espaço", "sinestesia", mas foram compreendidas e vivenciadas pelo público.

De acordo com a escola da Bauhaus, o processo de sinestesia associa-se às "ressonâncias entre as sensações", e foi pesquisado por alguns dos professores/artistas como Wassily Kandinsky e Paul Klee. Analisa como e por que algumas pessoas, ao ouvirem um som, transformam essa vivência não apenas no plano sonoro, mas também visual (com cores) além de odores e outros fenômenos ligados aos sentidos. Esse fenômeno recebeu atenção também no princípio do século XIX, por médicos que o denominaram "audição colorida". A sinestesia é um tema que ganha espaço no século XXI, com o avanço da tecnologia que acopla e interliga mídias. São infinitas as combinações possíveis de se fazer com o auxílio do computador, e que contribuem de forma cênica para a construção de um belo espetáculo, abrindo novos níveis de percepção para o público.

Mosaico que encantou
Kandinsky em Ravena.

Mas por que escolhemos esse tema para citar neste livro? A intenção é informar professores, que raramente se deparam com essas questões, já que a bibliografia é escassa. Como dizia Kandinsky, essas "ressonâncias na alma" despertam no aluno um nível de percepção sutil que ele adquire e partilha com outros indivíduos. Quando, por exemplo, propus em um curso o tema das "anomalias sensoriais", em primeiro lugar defini com os alunos o que seria a "sinestesia". Em seguida, fizemos o levantamento de situações vivenciadas por eles e que deveriam ter, em comum, o inusitado. Um dos alunos descreveu o ruído ensurdecedor de um bate-estaca como "ruído metálico", enquanto para outro esse era um som que "fazia os dentes sentirem", e outro ainda o descrevia como algo que "risca os ouvidos, como um prego sem dó". Esses alunos, sem saber, estavam definindo o fenômeno discutido pela escola da Bauhaus e que seria estudado nas próximas aulas. Após levantarmos vários momentos vividos por eles, escolhemos um que transitaria pelo som, cor, espaço, iluminação, emoção, ruídos distintos de vozes: o frio daquela manhã de inverno, que castigava a todos.

Outra vivência significativa que envolve os conceitos Bauhaus é a experiência que descreverei a seguir, focada em teatro e ciências naturais e biológicas, executada a partir de 1993 pelo biólogo e professor José Ricardo Baroldi Ciqueto Gargiulo com alunos do ensino fundamental II e médio, em escolas públicas e particulares do município de São Paulo. A ideia central desse professor é a de trabalhar o belo funcional, como sendo uma importante aquisição para a adaptação biológica das espécies. O grau de simetria entre os lados do corpo, no caso da simetria bilateral, é um dos critérios utilizados para considerar algum indivíduo como belo e com interessante atrativo para o processo reprodutivo. Outra hipótese discutida é o grau de simetria como indicativo do equilíbrio funcional do organismo refletido no equilíbrio de suas formas. Tais abordagens representam focos de estudos sobre diversas hipóteses a respeito e que poderão ter como parceiro o teatro.

Na prática das aulas, a ideia do belo funcional é trabalhada em discussões teóricas da área de ciências; no teatro, a ideia é associada com a escolha adequada de materiais bons e suficientes para a montagem do cenário e do figurino de forma harmoniosa, eficaz e direta, suprindo a necessidade da peça: a representação de um animal em seu ambiente. Um indivíduo comunica-se, expõe-se ou camufla-se com formas e colorações que são julgadas como belas e/ou atrativas por outros indivíduos da mesma espécie, no caso de possíveis parceiros para reprodução. Tais formas podem também tentar transmitir a ideia de repulsão, por exemplo, para os predadores de outras espécies. As hipóteses levantadas trabalham os conceitos de ciências:

– Por que existe determinada característica neste ser vivo?
– Isso ainda funciona ou apenas teve uma função no processo evolutivo?
– Representa uma adaptação da espécie? A seleção natural positiva?
– Aumenta as chances de sobrevivência do indivíduo e de sua espécie?

No plano do teatro, são inúmeras as cenas de jogos teatrais que podem advir desse tema tão fecundo. Quanto maior for o grau de adaptação de um indivíduo, acreditamos que maior é a possibilidade que este

tem de passar seus genes adiante. Assim, trabalha-se o belo funcional no processo evolutivo. O passo seguinte desse estudo é permitir e instigar que o aluno reporte esse conhecimento para sua vida:
- Trabalhar a percepção, as características e as funções das partes de seu corpo.
- Questionar as suas escolhas, o modo como se expressa e se comunica diante da necessidade de alcançar algum objetivo.
- Instigar o aluno quanto à organização de seu espaço e de seus materiais, propondo a criação de uma realidade de vida harmônica, equilibrada, funcional. Por exemplo: organizar uma prateleira de livros de modo belo e funcional, ou a estante dos acessórios de teatro.

Assim é a natureza, a vida: organizada, harmônica, bela e funcional e que se estende para todo o teatro aplicado na sala de aula num trabalho conjunto com as ciências naturais.

Acessório em harmonia com o ator, em busca de uma unidade cênica.

O PROCESSO SINESTÉSICO NO TEATRO

A seguir, um aluno descreve de forma resumida uma cena após trabalho de sinestesia em sala de aula.

Os personagens eram: pescadores, suas famílias, vizinhos e animais como o cachorro, galo, galinha e urubus fiéis comedores dos restos dos peixes ou cascas de camarões, disputados também pelos albatrozes, tesoureiros, biguás e garças pequenas.
Todos os pescadores e os demais personagens já citados buscavam por uma só informação: onde andava o João, pai de muitos filhos. Os parentes dele que moravam na outra margem do rio Itajaí perguntavam para os da outra margem. A temperatura era fria, era inverno, quatro horas e trinta minutos da madrugada escura. Barulho dos remos das canoas batendo nas águas.

Pescador I: colocando as mãos na boca para canalizar o som:
– Vocês sabem do João? (e outra voz logo em seguida).

Pescador II:
– Ele ainda está no mar?

Da outra margem, Pescador II:
– Não dá para ouvir (berra!).

A neblina piora, o pescador chama o colega para que gritassem juntos:
– Vocês viram João?

A neblina está cada vez mais forte, cobre tudo e abafa os sons.

A opção do professor pela montagem foi a de uma cena com um narrador que descrevia de forma sucinta a cena. O painel de avisos escolares serviu para delimitar o rio e tentar manter um grupo separado do outro. No final da pequena encenação, como de costume, foi feito o levantamento com os alunos sobre o que foi percebido durante a cena: considerações quanto à emoção vivida, quanto à técnica dramática e quanto aos momentos vivenciados e se eram inusitados ou não.

Nesse dia, houve quase unanimidade quanto às cores predominantes naquela cena: o branco, o cinza claro e escuro. O espaço foi construído através de sons: perto, longe, difusos, e, no final, a neblina abafou o que restava, os latidos dos cães desapareceram, e um grito tão longe que transportou a todos às nuances sutis propostas por Kandinsky, Schönberg e John Cage, para se chegar às "ressonâncias interiores". Depois que a neblina subiu, tivemos a certeza de que os alunos vivenciaram uma viagem através "da arte de pintar os sons", como nos diria o padre jesuíta Louis Bertrand Castel.

A PREPARAÇÃO DE UM PROJETO DE DRAMATIZAÇÃO

O teatro pode ser um excelente instrumento na educação, incorporado por diferentes áreas para a realização de uma educação plena. Com exercícios e perguntas apropriadas, o professor tem condições de verificar os tópicos pedagógicos em comum entre diferentes matérias e, através do teatro, encontrar boas motivações educacionais em projetos integrados de criação.

Cartaz da peça *Circo Kandinsky*.

O primeiro passo para a execução de um projeto de dramatização é explorar o tema proposto detalhadamente. Suponhamos que o projeto em questão seja a matéria Ciências Naturais, e que o assunto escolhido para um dos trabalhos seja "A vida das aranhas". O professor começa a dinâmica com a produção de um texto, que deve ser de criação coletiva, escrito a partir dos conceitos dados em sua disciplina, ou também uma criação individual dos alunos. No caso do tema dos aracnídeos, enumeram-se alguns tópicos de fundamental importância, tais como: a espécie de aranha que será enfocada, a descrição da sua forma e seus comportamentos habituais, como alimentação e habitat. A narrativa da história pode ser simples, apresentada claramente, e as peripécias dos protagonistas vão surgindo a partir do desenvolvimento do trabalho. Surgirão várias ideias, e esta multiplicidade vai sendo debatida e peneirada a partir das argumentações a favor ou contra, dadas pelos alunos. Nessa situação descrita, temos uma boa oportunidade para desenvolver nos alunos a capacidade de criar um trabalho de forma coletiva, escutando o outro e dando sua sugestão. Esse é um momento geralmente delicado para os adultos, e mais ainda para o jovem. Os professores não devem se acanhar diante desses tipos de desafios, que não raras vezes nos surpreenderam com os bons resultados obtidos. Como todo o processo artístico-pedagógico, as sequências aqui propostas são maleáveis, dependendo da dinâmica do trabalho podem até mesmo ser invertidas. A criação é viva, como no teatro.

A partir da escolha dos personagens, inicia-se a criação das cenas e dos diálogos. A cena deve ser bem construída e, em relação ao espaço, deve-se ter em mente: se ela acontece dentro ou fora de casa, no interior ou no exterior, se é dia ou noite etc. A autora de arte-educação Viola Spolin (1906-1994) sintetiza esse momento de forma bem esquemática e simples, na qual alunos e professores devem responder a algumas perguntas-chave, como: "onde se passa a cena?", "quem são os personagens?", "o que ocorre nela?". A pergunta "onde?" está ligada ao espaço no qual a cena se realiza; "quem?" está ligado aos personagens, e a pergunta "o quê?" se refere ao ponto principal do contador de uma história e de sua narrativa, o momento crucial da história, aquele instante em que nossa atenção é absorvida totalmente por ela e nada nos faz desviar a atenção.

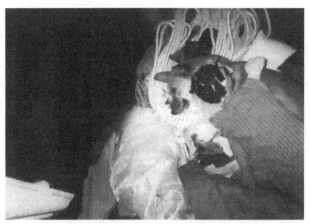
Harmonia entre animal e boneco misturados aos acessórios cênicos.

Sobre os acessórios cênicos, a determinação deverá passar pelo tema, pela questão do uso racional de recursos sem desperdício ou a produção de lixo em excesso e, também, pela proposta da disciplina. No caso apresentado, a confecção de pequenos modelos (bonecos) das aranhas é interessante também para que os alunos possam aproveitá-los como material de estudo em Ciências. Cenografia pronta, a atividade desdobra-se em montagens de um ambiente que represente o habitat dos personagens/animais. Simulações simples de comportamento entre os modelos desenvolvidas na dramatização podem refletir conceitos fundamentais às Ciências, como modo de vida, e relações ecológicas existentes entre comunidade e predadores.

Descreve-se um verdadeiro teatro de bonecos. Simples, dinâmico, motivador e eficiente.

Tal exemplo existiu de fato, e a ideia para o enredo surgiu a partir da história de uma artista plástica autora de aquarelas delicadas e sutis, em que se viam superpostas várias teias de aranha que reluziam realisticamente sobre a tela. Achei bela a ideia das teias de aranhas, e imaginei terem sido feitas pela própria artista com nanquim, lápis, resina ou qualquer outro material. Mas qual não foi a minha surpresa quando soube que a artista desenvolvera um recurso próprio de produção daquelas telas: borrifava um *spray* incolor nas teias reais de aranha, encostando, logo em seguida, a aquarela nela. A teia ficava grudada no quadro e a aranha que tratasse de fazer uma nova teia!

Dessa história real, os alunos de Ciências Naturais aprontaram um enredo: uma aranha, ao perceber a presença da senhora, avisaria rapidamente as amigas, que teriam de encontrar uma solução juntas. Uma das aranhas, a menor, mas muito esperta, sugeriu que, daquele dia em diante, as teias de aranha fossem construídas bem no alto das árvores, de forma que a senhora teria de procurar novas soluções para sua arte. A seguir, uma das cenas selecionadas para ilustrar este capítulo.

Uma boa ideia
– Personagens: uma pintora idosa que mora em um sítio, seu jardineiro também idoso, quatro aranhas que tecem lindas teias de aranha – 3 de meia-idade e uma jovem, Nina.
– Espaço cênico da peça: a sala de aula. No fundo, à direita, uma escada que é usada por Nina; no centro, a lousa, com árvores desenhadas e teias de aranha arrebentadas; além de um barbante que sai da lousa e fica presa a uma das 3 aranhas/alunos; à esquerda, uma janela de onde se avista o jardim, e na parede um cavalete de pintura onde atuam a pintora e o jardineiro.

São cinco horas da madrugada, no relógio confeccionado na aula de artes visuais. Nina está no penúltimo degrau da escada.
Nina:
– Caras colegas, são quase cinco horas da madrugada. A velha pintora e seu jardineiro ainda não acordaram. A noite está fria, vamos aproveitar para decidir o nosso destino; ela hoje virá mais tarde, não adianta ficar chorando em cima dos nossos fios arrebentados. (Segura um pequeno pedaço de barbante.)
Aranha2: (Com muito sono, esfregando os olhos.)
– Estou com tanta vontade de dar uma dentada na pintora.
Nina:
– Acho que dar o troco não leva a nada... Ela vai ficar com raiva e é pior...
Aranha3:
– Temos que pensar rápido, muito rápido.

Aranha4:
— Gente, o sol está chegando, olha lá, está clareando.
Aranha3:
— No inverno ela vem mais tarde, mas sempre vem.

Do outro lado esquerdo as aranhas choram e lamentam segurando restos cortados dos fios da teia de aranha.
Aranha2:
— Vamos pensar rápido, não temos tempo a perder, olha, a mulher já iluminou a cozinha. (Olham todos para o lado do cavalete.)
Aranha3:
— Não temos mais tempo, já vi o jardineiro.
Aranha2:
— Antes o spray era transparente, eu escutei o jardineiro dizendo que agora é que iam ficar lindos os seus quadros, pois o spray é vermelho.
As aranhas todas juntas, como em um coral desafinado:
— Vamos pensar depressa, rápido, depressa, uma solução.
Aranha2:
— Achei! Já sei o que vamos fazer!
Todas:
— Anda, fale, fale logo.
Aranha2: (Meio triste diz:)
— Não adianta nem falar, é uma ideia meio doida, meio maluca.
As demais aranhas, já impacientes, dizem, juntas:
— Diga logo, fala, queremos saber, tudo está valendo, estamos em um grande sufoco, quem sabe?
Aranha2:
— Quem sabe se a gente fizer uma teia bem maluca, bem doida, toda torta, será que ela nos deixa em paz?
Nina:
— A ideia é engraçada, podemos até usar em um dia de gincana com o tema criatividade, e a nossa teia teria o nome de Arte Abstrata.
Silêncio:
— Todas elas olham para o nascente (Olham pela janela, que está aberta.)

Nina: (Falando alto e rápido:)
– Acho que tive uma boa ideia: vocês vão gostar!
Aranha3:
– Fale, Nina, olha, o sol está pintando lá longe.
Aranha2:
– Olha lá, o céu está ficando avermelhado.
(Todas olhando para Nina lá no alto.)
Nina:
– Hoje vamos fazer uma greve, nada de construirmos de novo as novas teias, venham todas para a minha teia, tem lugar para todas nós. Minha ideia é que de hoje em diante, enquanto a pintora viver, nós vamos tecer nossas teias, no alto das árvores. Lá ela não poderá destruir nada.
Aranha3:
– Não muito alto, pois os insetos que mais gosto não vão até lá.
Nina:
– Está bem, de uma altura que eles não possam alcançar. Aí quero ver a cara deles!
As três aranhas, bem alegres e alvoroçadas, começam a enrolar o barbante que estava caído no chão todo emaranhado.
Aranha2:
– Olha o que restou, mas vamos aproveitar todo ele, vamos reciclar.
Escuta-se a voz do jardineiro e da pintora chegando:
A pintora:
– A dona da galeria de arte só quer as pinturas com teia de aranha.
O jardineiro:
– Pode deixar que eu pego para a senhora, hoje trouxe spray *vermelho.*
As personagens estão presentes primeiro através do som de suas falas e do barulho dos passos, depois aparecem e vão desaparecendo a voz e os passos, e surge alguém com um cartaz com os seguintes dizeres: Fim da Cena III.

Nessa cena selecionada foram usados alguns recursos sofisticados de encenação, como a simplicidade dos diálogos, do cenário e o distanciamento do teatro didático de Bertolt Brecht (quando um aluno passa com o cartaz avisando que a cena acabou). O espaço cênico foi montado com poucos acessórios, mas com multiplicidade de funções: a escada que vira árvore e púlpito de uma igreja, e também cavaletes, biombos e cubos de 30 x 30 cm com distintas ações cênicas. Por fim, note-se que na cena nem todas as perguntas feitas terão respostas e o que já está "decidido" até 2ª ordem para essa cena foi descrito nas marcações das cenas. O teatro, como a vida, é tecido, pouco a pouco.

MONTAGEM DE UMA SALA MULTIUSO

É muito importante se ter um espaço definido na escola para a prática de pesquisa e para a realização de exercícios corporais, focando todas as áreas que utilizam a linguagem corporal no aprendizado do aluno. Os exercícios de teatro são recursos práticos que estimulam o trabalho e o crescimento cênico do aluno; através deles é que uma ideia teórica transforma-se em ação física. Chega-se ao teatro quando ação e texto caminham juntos e, por isso mesmo, nada mais importante do que um espaço na escola reservado para isso.

Há tópicos importantes a serem observados na construção e manutenção desse espaço, bem como a sua integração com várias disciplinas, estabelecendo-se o espaço escolar como sala multiuso, ou em outras palavras, o local da educação plena.

A sala proposta será usada, como indica o seu nome, por várias disciplinas, entre elas as artes cênicas, a Educação Física, a Música e a Dança. Esse espaço será amplo e ventilado, com capacidade para comportar uma classe de trinta alunos. Os trabalhos e experiências criados nela serão apresentados mais tarde no auditório da escola, em uma sala adequada à apresentação ou no pátio, abrindo assim as experiências para outros colegas.

Sala multiuso. Veem-se ao fundo estantes com livros e instrumentos audiovisuais.

Alguns aparelhos de Educação Física serão de grande utilidade nesse trabalho de educação plena, além de vários outros detalhes, listados a seguir.

- **O chão.** Deverá ser de madeira, revestido com material adequado que amenize o impacto dos corpos, podendo ser linóleo ou emborrachado. Estes últimos estão disponíveis em diversas cores, e pode-se fazer um chão quadriculado (1 m por 1 m), facilitando as marcações cênicas propostas.
- **Normas de funcionamento da sala.** Estabelecer alguns procedimentos padrão para o uso do espaço, como o uso de um tipo de calçado que não danifique o chão. Sugerimos sapatilha, tênis, pés descalços ou o uso de uma meia grossa.
- **Tatames.** Eles devem ser empilhados em um canto da sala, colocando-se em torno de 15, que serão usados em exercícios de solo.

- **Pneus empilhados.** Esse acessório é sempre bem-vindo, sendo aproveitado para diferentes tipos de exercícios, como o de equilíbrio, para figurino, como um salva-vidas, ou na cenografia, como servir de borda para um poço.
- **Janelas.** Nessa sala, as janelas deverão estar situadas bem no alto, a borda superior a 15 cm do teto, com basculante. Devem ter 50 cm de altura por 3 m de comprimento.
- **Ganchos de rede.** Afixar ganchos de rede nas paredes a 1,30 m de altura do chão e com uma distância de dois metros entre si. Esses ganchos terão múltiplas funções durante os exercícios.
- **Aparelhos para Educação Física:** argolas, escadas, cavalos de pau e cordas servem também para o teatro, enriquecendo os meios de comunicação corporal e gestual do aluno. Em um trabalho prático de desinibição, pode-se, por exemplo, solicitar ao aluno que suba em uma escada presa à parede e, lá de cima, transmita algumas ordens aos colegas. Durante o exercício de sussurrar, o aluno deve pedir socorro para os personagens que estão embaixo, de tal forma que a fala seja audível por esses, mesmo se tratando de um sussurro. Nesse exercício, pratica-se a emissão de voz e desenvolve-se formas diferentes de comunicação oral e gestual. Em outro momento, a mesma escada se transforma em um barco, em outra circunstância numa escada de incêndio ou uma escalada de montanha. Relembrando que: chega-se ao teatro quando ação e texto caminham juntos.
- **Sucata.** As sucatas urbanas e rurais podem se transformar em variados elementos lúdicos que, depois de lixados e pintados, sugerem novas funções. Grandes caixotes armazenarão garrafas de pet, embalagens de papelão e cordas grossas, entre outros.
- **Sucata natural.** Sucata retirada da natureza, como uma casca de coqueiro, que numa peça virou um trem, e noutra, pendurada no teto, representou o sapo muiraquitã.
- **Tablados movediços.** Modelos com rodas, biombos ou palcos móveis de 2 m por 2 m permitem cenários dinâmicos que se transformam rapidamente. Todos esses recursos trazem ação e dinamismo para a cena.

- **Espelho.** Na medida de 1,10 m por 0,50 m é o ideal para permitir ao aluno a observação do figurino e da maquiagem do personagem.
- **Lousa.** Um modelo grande, se possível do chão até o teto, ou áreas de cortiça ou de pinho mole para fixar textos, imagens e partes de cenários das peças, como silhuetas recortadas de árvores, castelos, enormes pedras.
- **Armários e baús.** Um setor da sala poderá ser delimitado com uma cortina que pode ocultar um armário ou um baú de acessórios cênicos. Em outro armário serão guardados instrumentos de percussão. Uma pequena estante para livros e revistas de arte é sempre de grande valia. Nas araras serão penduradas as saias com elástico na cintura, chapéus, bengalas e macacões que possam ser adaptados aos diferentes tipos físicos dos alunos com seus personagens.
- **Arquibancadas.** Modelo de três degraus, compactas e móveis.
- **Varas no teto.** Estrutura para fixação de *spots*, luzes ou outros acessórios.
- **Teatrinho de fantoche e marionetes.** Modelo simples, requer pouco espaço e tem uma estrutura cênica enxuta. Pode ser adaptado a qualquer sala de aula ou também ter um lugar permanente na sala multiuso. O teatro de bonecos é uma arte que merece mais atenção por parte das escolas. O teatro de sombras é outra forma teatral que utiliza espaços menores. Para tal, basta um lençol esticado, preso nas duas pontas e um foco de luz por detrás dos atores.
- **Biombos vazados.** Essa estrutura cria planos no espaço, desenvolvendo no aluno a percepção e criação de novos limites cênicos. Janelas podem ser aproveitadas nesses biombos vazados: é só colocar uma fita fosca na altura que se quer a janela, delimitando o espaço vazado.

Biombos vazados móveis (com rodinhas) podem assumir diversas funções no cenário.

A ESCOLHA DO TEMA

Questões importantes para trabalhar com o teatro: a escolha do tema para a dramatização, seguida da concepção e realização do espetáculo. Há algumas possíveis fontes que podem ser pesquisadas nesse processo criativo do teatro, elencadas a seguir.

"Saudades", quadro pintado por Almeida Júnior, como mote para uma peça de teatro.

Um tema pode surgir de um personagem de um quadro, como este "Vendedora de piñole", de Diego Rivera.

Para citar a primeira, sugiro as artes visuais, pintura, poesia, música, dança. A natureza é outra fonte, com temas como preservação ambiental e ecologia, associados à área de Geografia. Histórias que explorem emoções pessoais, animais de estimação, objetos da preferência do aluno também trazem um bom manancial de temas.

O processo de captação de ideias aparece das vivências escolares, de textos coletivos ou de fatos importantes ocorridos na escola e que tenham mobilizado alunos e professores. Um exemplo foi um episódio antigo, de 1977, que aconteceu comigo em uma sala de 7ª série (6º ano do ensino fundamental II) e envolvia a derrubada de uma centenária seringueira, situada no pátio da escola, que tinha as raízes expostas danificando o piso. A pergunta que estava no ar para todos os alunos era se seria justo derrubá-la. Diante desse evento, a aula de teatro já tinha o tema e o título para nossa montagem: "A derrubada da seringueira". O enredo seria a questão se a escola deveria ou não arrancá-la do local. Quais os argumentos pró e contra? Pela legislação não haveria interdição devido à situação em que ela se encontrava, então caberia aos proprietários a decisão. Começa o julgamento, mas o veredicto não é revelado, ficando a critério de cada espectador.

Na semana seguinte à visita dos homens com seus instrumentos agrimensores para avaliar a situação da seringueira, o grupo de alunos de teatro se reuniu em volta da árvore para debater o assunto. Veio uma enxurrada de ideias, hipóteses e suspeitas e, ao final, com tristeza, todos sabiam que a retirada da árvore se pronunciava. Aquele fato seria assunto de uma pesquisa profunda e séria com a colaboração das áreas de Ciências e Geografia, juntamente com temas afins como o respeito por espaços comunitários, os direitos do cidadão e o respeito à vida e às leis da sociedade. Fez-se um verdadeiro projeto multidisciplinar: o professor de Geografia deu respostas quanto ao tipo de solo; o professor de Ciências fez orientações sobre a espécie estudada, as condições ideais de desenvolvimento e sobre o que fazer naquela situação em que a árvore fica com as raízes expostas. Em grupo, construímos o roteiro: a história aconteceria em um tribunal. Os personagens seriam um promotor, um juiz, um advogado de defesa e a vítima, que era a árvore. Jurados e plateia comporiam a cena e as testemunhas seriam as funcionárias da limpeza, os alunos e até a direção da escola.

O tema adequado ao teatro surge assim, de um aparente nada que, ao ser aprofundado pelo professor, vira tudo. Hoje em dia esse cenário só tende a melhorar diante das atuais ferramentas de comunicação e mídia, pois o professor pode elaborar ainda mais formas de captar ideias entre os alunos: *um site para documentar eventos da escola* ou *um blog para a turma registrar descobertas e atividades*, por exemplo.

Além das dinâmicas com alunos para estimular a criação de temas, também o professor pode e deve atuar diretamente nesse processo. Algumas das vivências narradas a seguir mostram como situações em sala de aula se transformaram, na prática, em peças de teatro.

- **Exemplo 1 – A peça *Ilha dos escravos***
Dirigida pelo mímico Abel Bravo, foi apresentada no Atelier da Vic Granero e no pequeno auditório do Masp. Abel Bravo, na ocasião, estudava Marivaux, influenciando o enredo que tratava da troca de papéis entre os membros da monarquia e os personagens do povo. O cenário era de espelhos – já que o tema era a "troca de papéis" e os nobres deveriam se ver como escravos e vice-versa.

- **Exemplo 2 – A peça *O baú de João Cabral e de Miró***
A motivação para esta peça era buscar uma história em que o enredo transitasse entre o Rio de Janeiro e Barcelona, duas culturas históricas, referência em artes visuais e músicas, do frevo à dança flamenca. O enredo se constrói a partir de um personagem que era modelo da Escola Nacional de Belas Artes, e um jovem estudante de artes, e envolve posteriormente o pintor Miró e o escritor João Cabral. Os dois personagens centrais se conhecem em Barcelona e ficam amigos, amizade que fica registrada nas esculturas de Miró e nos 20 trabalhos de pintura da série *Constelações*, que João Cabral leva em sua mala diplomática para os Estados Unidos. A pesquisa para o enredo dessa montagem revelou as cores da palheta de Miró na poesia de Cabral e a poesia de Cabral nas cores de Miró.

- **Exemplo 3 – Música e literatura**
A grande contadora de histórias Tatiana Belink e a música de Vinícius e Toquinho são fontes de inspiração constante. Exercícios de leitura com interpretação a partir da obra da escritora russa podem render um bom trabalho com os alunos a partir de declarações inusitadas

como "eu gosto das bruxas, são mais divertidas". Com as músicas dos poetas é possível desenvolver bons "selinhos" – nome dado a peças curtas que acompanham as músicas escolhidas.

• **Exemplo 4 – Temas variados**

Vivência do cotidiano, como: briga de trânsito (Quem tem culpa?), discussão na fila, bate-boca no ponto de ônibus.

1. Situação de mistério: casa mal-assombrada, barulhos estranhos na floresta, falta de luz e um grupo de amigos está em um elevador.
2. Releituras de um conto de fadas.
3. Cenas de um tribunal.
4. Cenas da sala de aula: indisciplina, delito, aula com professor novo.
5. Histórias em quadrinhos e piadas.
6. Releitura dos super-heróis.
7. Jogos teatrais: grupo de exercícios que permitem ao aluno o desenvolvimento da observação, percepção, e de várias formas de comunicação, inclusive sem a utilização de palavra.
8. Exercícios relacionados aos sentidos, como dificultar o movimento dos alunos/atores mantendo um braço atado às costas, fazendo com que este aluno vivencie situações inusitadas.
9. Propostas que levam o aluno/ator a transformar alguns objetos em outros, como por exemplo, usar um pente como gaita.
10. Exercício de manipulação de objeto imaginário. Dois alunos simulam marionete. Aluno A é o manipulador e aluno B a marionete. O professor coloca os dois alunos separados a 2 metros e determina os movimentos: A puxa os braços de B por fios imaginários; A levanta a perna direita de B, A solta abruptamente os braços de B.
11. Exercício de "fisicalização" de um animal. O professor manda cinco alunos para o espaço cênico reservado, cada aluno vai seguir com o olhar uma borboleta, que poderá

ser uma borboleta grande e, depois, várias borboletas pequenas voando mais rápido.

12. Exercícios com malas imaginárias. Os alunos terão de materializar as malas e carregá-las pela sala: uma muito pesada, outra com peso médio e uma leve.

13. Exercício do espelho. Os alunos ficam de frente um diante do outro e entre eles um espelho imaginário, separando os dois. O aluno A inicia o movimento, enquanto o aluno B repete ao mesmo tempo a ação feita depois da troca, por exemplo, escovar os dentes, cuspir a espuma, aproximar-se do espelho e descobrir alguma irregularidade na pele, tocar nela, como todo adolescente; do outro lado do espelho imaginário, o aluno B faz todos os movimentos. Na primeira parte fazer bem lento, na segunda, o ritmo poderá ser mais rápido.

14. Exercício de memorização. Uma forma lúdica para desenvolver a habilidade em decorar o texto. Explorar jogos visuais de acessórios, que podem ou não ter a ver com o tema da peça. Por exemplo: dispor objetos sobre a mesa e pedir aos alunos que descrevam em sequência (direita para a esquerda) o que viram. Depois de 10 segundos de visualização, cobrir os objetos e checar nas anotações dos alunos quem acertou mais. A própria memorização de pequenas frases e versos também pode ser um exercício. O professor prepara antes da aula alguns dos versos ou palavras soltas, até mesmo os números. Aqui deve ficar claro que o memorizar pode ser prazeroso, incentivar o coleguismo e envolver amigos e familiares.

A memorização é um processo no teatro que também envolve superação pessoal e, em alguns casos, há alunos que se intimidam com a reação dos demais. A professora de Educação Artística, pintora e escultora, Marie Ange Giaquinto, tendo vasto conhecimento dos temas teatrais, descreve alguns movimentos de apoio que podem ser praticados na aula de teatro, envolvendo tópicos necessários para o desenvolvimento desta atividade:

– Tensão e relaxamento: duplas de alunos de mãos dadas, frente a frente, realizam movimentos simétricos para esquerda, direita, cima, baixo, frente.

– Círculo: em dupla, de mãos dadas, os alunos esticam os braços devagar, os braços sobem lentamente até o máximo, e depois descem lentamente até o chão.

– Ímã: alunos de frente para a parede simulam ser um ímã, grudados na parede. Depois, deitam e relaxam.

– Ímãs em todos os lados: movimento de imã para a janela, porta, lousa. Depois, relaxam.

– Ímã em par: em duplas, um aluno representa o ímã e o outro é atraído até encostar com o colega. Depois, trocam de posição.

– Igual 2 a 2: um aluno modela o outro. Depois sentam e todos observam. Quem for modelado não pode dar palpite.

– Escultura em grupo: um aluno dever posar e, a partir dele, os outros vão posando também para o que deve ser uma escultura coletiva. Temas: árvore, fonte, ponte, igreja, cachorro.

– Rádio-novela: em grupos de 5 a 6 alunos, eles devem criar cenas de improviso, representando uma estação de rádio: sentados lado a lado nas cadeiras, fazem os sons necessários, improvisam as falas, mas sem se movimentarem.

– Fala com movimento: sentados em fileira, com cinco alunos frente a frente, metade deve fazer o movimento e a outra metade fazer o som. (Depois invertemos os papéis). Para crianças menores, as falas é que devem dar origem aos movimentos.

– Equilibrista: os alunos carregarão na cabeça algum objeto imaginado. A classe deverá dizer se são grandes, pequenos, leves, pesados, moles, duros. Deve ficar claro para a classe que não é um jogo de adivinhação: o colega que simula carregar o objeto deve estar tão concentrado a ponto de convencer a plateia sobre o objeto que carrega.

– Cego: o professor faz uma linha no chão com giz que deve ser percorrida pelos alunos fingindo serem cegos. A classe observa e orienta o aluno mais à direita, mais a esquerda. Todos devem percorrer o caminho.

– A fila: em grupos de seis alunos, simulam a fila de ônibus ou uma sala de espera. O grupo tem cinco minutos para criar uma cena e depois apresentar para a classe.

– Cena em família: representar cenas de casamento, batizado, aniversário, jantar em família, mudança, piquenique, café da manhã...

– Escultura mecânica: em grupo de sete alunos, cada aluno é uma parte de uma engrenagem enorme. Essa máquina faz ruídos e movimentos e no final deve "fabricar" algo que será uma surpresa para todos.

– Reprodução de movimentos: com expressão corporal, representar uma árvore sob o vento, uma máquina de costura, um gato saltando, uma pessoa correndo, a pipoca estourando na panela, as ondas do mar.

– Representação 2 a 2: dramatização em improviso, em dupla, de uma cena curta: dois amigos que não se veem há muito tempo, o encontro de um soldado e um capitão, um padre e um ateu, um guarda multando um motorista, uma pessoa esperando outra que chega com pressa e atrasada, um pintor trabalhando e outro fazendo pose.

– Improvisação espontânea: dividir a classe em grupos de cinco alunos. Contar uma história tirada do livro ou espontânea. Cada elemento do grupo conta uma parte da história. Depois representa para a classe. Exemplos: letra de música, lendas, fato da História do Brasil, manchetes de jornal.

– Expressão gestual: o professor designa um aluno para ser o imitador, que vai copiar outro aluno. Verificar se houve fidelidade na imitação.

– Caminhada imaginária: propor que simulem uma caminhada em diferentes tipos de solos arenoso, pedregoso, escorregadio, frio, gelado, com poças d'água, capim alto, trilhos, buracos, obstáculos.

– Estátuas: representar com expressão corporal um sentimento, pessoa fazendo algo, um animal, um objeto, um elemento da natureza.

– Animais: expressão corporal de hábitos dos animais, como um gato dormindo, bebendo água, espreitando passarinho, brincando com bola.

– Roteiro incompleto: a partir de uma situação determinada pelo professor, com poucos elementos de cena, o aluno deve improvisar o enredo. Por exemplo: a família está reunida na sala, toca o telefone e...

– Representação de personagens: dramatizar, sem acessórios e figurino, personagens típicas, como pescador sentado à beira do rio, bebê, cego pedindo esmola, halterofilista, carpinteiro, jovem rebelde, semeador, lavadeira, cantor de feira, palhaço de circo.

– Descobrir espaços: exercícios corporais para fazer com toda a classe: crescer, ponta dos pés, braços esticados para cima, abaixar devagar e chegar ao chão, girar da esquerda para a direita e vice-versa, devagar e depois depressa.

– Imaginar lugares diferentes: atividade para ser feita individualmente. Sugerir a performance em cenas solo, como atravessar uma rua cheia de gente, subir escada, descer escada, andar à beira do mar, pular onda, andar sobre pedras, saltar, andar à beira de um precipício.

– Formar figuras geométricas e letras: o aluno deve desenhar as formas apenas caminhando pela sala (quadrado, retângulo, círculo, triângulo, as letras do alfabeto) e a classe deve adivinhar. Depois o aluno desenha na lousa.

– Desenhar no ar figuras usando partes do corpo: um círculo com o pé esquerdo, desenhar flor com o cotovelo, o próprio nome com o nariz.

– Imaginar seres que crescem ou diminuem: atividade de expressão corporal determinada para a classe pelo professor. O aluno deve se imaginar e representar uma plantinha crescendo, o sorvete derretendo, a vela do castiçal sendo consumida pelo fogo, o bolo crescendo no forno, a pipoca estourando na panela, um pedaço de gelatina se juntando ao outro.

– Andar, mudando a própria imagem: o aluno deve caminhar pela sala alterando a performance conforme a caracterização do personagem: pequena (abaixadas, engatinhadas), alta (nas pontas dos pés), pesada, gorda, leve, magra, velha (arqueada).

– Poses: o professor deve distribuir fotos de quadros, gravuras, cartazes de propaganda para os grupos (máximo de cinco alunos) e pedir para que olhem e decorem as poses retratadas. O grupo deve reproduzir a imagem enquanto o resto da classe olha as fotos para observar as semelhanças e corrigir as falhas, mas sem falar, apenas utilizando as mãos para "moldar" a pose dos colegas.

– Períodos históricos: a partir de imagens de livros, dramatizar épocas diversas da história brasileira (Descobrimento, Bandeiras) ou geral (Revolução Francesa, Guerra Mundial).

– Como são os profissionais: fazer uma pequena representação corporal a partir de tipos humanos e suas profissões: faxineiros, padeiros, açougueiros, farmacêuticos, vendedores de loja, caixa de supermercado, entregador, médico, advogado, engenheiro, artista, professor, industriário.

ROTEIRO PARA A MONTAGEM
DE UMA PEÇA DE TEATRO

A partir do roteiro detalhado de uma peça montada em sala de aula, exploramos o processo em que texto começa a se materializar como peça. Os primeiros ensaios, quando os alunos ainda não têm suas falas memorizadas; as primeiras passagens de cena, quando os alunos/atores ainda buscam os movimentos e as ações referentes às suas personagens... Essa busca interior, em que participam aluno-ator e professor, é um dos momentos mais delicados do trabalho na aula de teatro. Nesse instante começa a nascer o personagem que deverá partilhar com o aluno a sua voz, seu andar, seu ritmo.

Apresento aqui um roteiro para que o personagem surja e seja gratificante para todos que assistem a este momento de celebração das artes cênicas.

- **Nome da peça**: *O baú de João Cabral e de Miró.*
- **Ano**: 2007.
- **Produção**: escrita e dirigida pela professora Vic Granero, tendo como assistente a atriz e musicista Caiti Hauck; destinada à faixa etária dos 6 aos 13 anos.
- **Primeiro contato com a peça**: leitura do texto, feita em roda com toda a classe.
- **Escolha dos personagens**: através de votação em sala de aula, pela escolha do professor ou sorteio.
- **Levantamento das aptidões dos alunos**: questionamento sobre eventuais habilidades físicas (cantar, dançar, andar de skate) e artísticas (tocar instrumento musical ou fazer dobradura).

- **Escolha do local para apresentação:** a peça será encenada no pátio da escola, ou no salão de esportes, caso o tenha, ou na sala de aula ou mesmo nas áreas externas.
- **Figurinos:** é sempre bem-vinda a colaboração das artes visuais, com um projeto interdisciplinar na elaboração de croquis e colagens, na criação dos acessórios, de pequenas maquetes, protótipos, máscaras e eventuais estudos de maquiagem.
- **Cenário:** levantamento das possibilidades técnicas e de alguns materiais básicos como escadas, mesas, cadeiras, biombos, praticáveis, cordas, painéis e cavaletes.
- **Iluminação:** dependendo do processo, a luz pode ser natural ou artificial. *Spots*, lanternas, velas, abajures, tocheiros e outras fontes podem ser utilizados. Trabalhos com fogo são utilizados quando a peça é realizada à noite em espaço externo da escola, trazendo um efeito de grande dramaticidade.
- **Pauta:** cronograma dos ensaios, contatos necessários junto com a direção.
- **Equipes de trabalho:** organização dos grupos de alunos que se responsabilizam pelos acessórios cênicos, pelo armazenamento dos figurinos, pelo mobiliário, pela aparelhagem de luz e pela divulgação.
- **Tema:** a montagem *O baú de João Cabral e de Miró* enfoca os assuntos ecologia, preconceitos, a escola surrealista, a poesia de João Cabral e a obra do grande pintor catalão Joan Miró. A partir de um roteiro aparentemente simples, são incorporados à peça, durante a sua montagem, sucessivas dinâmicas como a dança e o canto, escolhidos tanto pelos alunos como pelo professor.
- **Listagem e preparação dos acessórios:** optou-se por usar a sucata, em um trabalho conjunto com Ciências, artes visuais, música, dança e História.
- **Criação e confecção de cenário e dos acessórios:** uma boneca chamada Estelita, que tem nos pés dois elásticos que se prendem aos sapatos de um dos atores para que ele a manipule, dançando músicas do folclore de Recife, Pernambuco, terra do poeta João Cabral de Melo Neto. Estelita nasceu a partir da observação da

personagem Emília, de Monteiro Lobato, trabalho este realizado com pano de chão, uma roupinha de chita e uma cabeleira vermelha de lã grossa.

- **Pequeno resumo da peça:** *O baú de João Cabral e de Miró* trata do encontro de João Cabral de Melo Neto (1920-1999) com o pintor Joan Miró (1893-1983) em Barcelona, quando o escritor era embaixador do Brasil na Espanha. João Cabral tornou-se amigo de Miró e, um dia, tem a feliz ideia de colocar em sua mala diplomática os 23 trabalhos do pintor da série *Constelações* (criada por Miró quando refugiado da Segunda Guerra Mundial, na Normandia). Esses trabalhos foram expostos na Galeria Matisse de Nova York, Estados Unidos, com enorme sucesso.
- **Contexto complementar do enredo:** levantamento histórico do surrealismo, da poesia de João Cabral e de sua terra natal, Recife, no estado de Pernambuco. Através da pesquisa iconográfica do filme *Morte e vida severina*, fez-se a observação do folclore, das frutas da região, de seus rios, pedras, da vegetação e da pobreza lá existente.

Ex-alunos do curso de Artes Cênicas da USP em cena da peça *O baú de João Cabral e de Miró*.

– **Definição dos personagens:** K., que é um dos alunos e dono de um enorme guarda-chuva negro, e a modelo Lu, que posa sempre com bonitas meias de cor vermelha, presente de uma aluna do curso de Artes. A peça foi inspirada no guarda-chuva negro e nas meias vermelhas, que serviram para obras de escultura *Ready made*, de Miró. O encontro dessas duas esculturas em um mesmo espaço evoca o desejo de que os encontros sejam eternos – e assim ocorre na peça!

ROTEIRO PARA ASSISTIR A UMA PEÇA DE TEATRO

Existem inúmeras formas para abordar o tema "O teatro". Da visita física ao espaço do teatro à visita de uma companhia ao espaço da escola, há pontos positivos em cada um deles e também estratégias que o professor pode e deve utilizar em prol do aproveitamento pedagógico dessa ação.

Uma visita ao espaço arquitetônico do teatro é uma das formas determinantes para se abordar o tema em sala de aula. Alguns teatros são verdadeiramente monumentos históricos da cidade, como o Teatro Municipal de São Paulo, o do Rio de Janeiro e o Teatro Castro Alves, em Salvador. Para tanto, deve-se agendar primeiramente a visita, que geralmente é acompanhada por monitores.

Durante a visita a um teatro, passa-se pelo hall de entrada, escadarias, plateia, coxias, proscênios, camarins, cabines de som e luz e assim por diante. O estudo do espaço arquitetônico do teatro enriquecerá o repertório do aluno, trazendo inúmeros e novos conhecimentos, e permitindo que ele vivencie a complexidade dessa arte e o trabalho dos profissionais envolvidos nela.

Outra maneira de se apresentar os conceitos da arte teatral é convidar, por intermédio da coordenação da escola, um grupo de teatro que se coloque à disposição para fazer um espetáculo no espaço do colégio. Nesse tipo de projeto é válido que o professor, a partir do que já foi vivenciado com a turma em sala de aula, proponha uma discussão com o grupo de atores. As perguntas podem ser previamente preparadas, mas diante da dinâmica do grupo esse roteiro poderá ser extrapolado. O resultado desse encontro deve ser registrado com fotografias, gravações do bate-papo e exposição do conteúdo para outros alunos da escola, sociabilizando ideias e arte.

Cabine de som e luz. Alunos testam os equipamentos para a apresentação da peça *Circo Kandinsky*.

A terceira maneira de motivarmos os alunos a entender e amar a arte teatral é promover sua ida a um espetáculo. Fica a critério da coordenação escolar a organização burocrática (levantamento e agendamento do dia, horário, número de alunos, valores, transporte), e nas mãos do professor a decisão da peça, o recorte de objetivos e as ações didáticas.

A interdisciplinaridade entra também nesse aspecto, competindo aos professores de outras áreas opinar sobre a peça escolhida e também na definição de ações didáticas. Por exemplo, se a peça escolhida for *Morte e vida severina*, de João Cabral de Melo Neto, é bem provável que muitas matérias possam se interessar e desenvolver o tema. A Geografia e a Biologia estudariam o meio ambiente e formas de vida do agreste/sertão do Nordeste; Língua Portuguesa desenvolveria os belos versos encenados deste grande poeta e dramaturgo pernambucano. E por aí adiante.

Todas as opções abrem portas para inúmeros trabalhos e trazem vantagens a todos os participantes do processo educativo. Resolvida qual ação será colocada em prática e quais providências tomadas de organização, como levantamento de custos e agendamentos, o professor deverá preparar a turma para o grande evento. Inicialmente, deve-se transmitir aos jovens tudo o que já foi combinado para a ida ao teatro ou para a vinda do teatro à escola.

Além do prazer estético e lúdico desse projeto, o educador passa a enumerar e a sistematizar com a turma tópicos, observações necessárias para que haja um "ver mais profundo e crítico" do espetáculo. O professor apresenta sugestões de pontos a serem observados, apresentados e discutidos em sala para a preparação da turma antes de ir ao teatro, que será retomado depois, de forma oral ou escrita, para aprofundamento do trabalho. Tais tópicos listados a seguir podem ser escritos na lousa para serem discutidos em sala e também servir de roteiro para a atividade.

Tópicos para discutir *antes* da peça

- Deve-se pontuar sempre que teatro é Arte.
- Definir a categoria da peça.
- Dar informações sobre a *commedia dell'arte*.
- Dar informações sobre proscênio, coxia, bastidor e outros itens que formam a carpintaria teatral.
- Resumir a história representada na peça sem antecipar desfechos.
- Destacar alguns dos personagens a serem observados.
- Explicar que a iluminação é um dos aspectos importantes na apresentação de uma peça de teatro, despertando e transmitindo determinadas emoções na nossa alma.
- Abordar sobre o texto das falas dos atores, seus movimentos, figurinos, acessórios, cenário, música/sonoplastia. Frisar a importância de cada um desses aspectos.
- Sensibilizar a turma para que cada aluno esteja atento ao espetáculo e às sensações que ele desperta em si, como ser humano, percebendo paridade com momentos reais de sua vida que podem estar representados nos atos.

- Elucidar sobre a importância cultural do teatro. Fazer um levantamento de quem já foi ao teatro ou não. Relatar percepções pessoais por ocasião de assistir a um espetáculo, lembrando que, ao se colocar, o professor está se aproximando dos alunos e partilhando com eles momentos vividos, o que é bom tanto pedagogicamente como afetiva e espiritualmente.

Tópicos para discutir *depois* da peça

- Questionar o aluno sobre em que categoria ele definiria a peça vista.
- Pedir o resumo da história da peça assistida.
- Listar qual ou quais personagens mais chamaram a atenção e por qual motivo.
- O que tinha no palco? Reparou em algum acessório que compunha alguns do(s) cenário(s)?
- Quanto à observação da iluminação, destaque um instante em que ela surgiu e ajudou a criar em você determinada emoção.
- Indagar se houve harmonia entre o texto, o movimento, a fala dos personagens, os figurinos, os acessórios, o cenário, a música, a sonoplastia, os atores e a iluminação. Se não houve unidade cênica, quais os motivos?
- O teatro trouxe acréscimos para sua vida, desenvolveu sua sensibilidade estética, abriu novas formas de percepção, despertando *insight* e novos conhecimentos? Quais e quando? O que mais o teatro proporcionou?

VIVÊNCIAS E SUGESTÕES DO USO DO TEATRO COMO RECURSO PEDAGÓGICO

O teatro, como vimos, pode ajudar na compreensão e no desenvolvimento do conteúdo da matéria administrada em diversas áreas. Os relatos, as vivências e as sugestões de alguns professores de diferentes áreas que serão expostos aqui são exemplos eficazes do uso do teatro como apoio pedagógico, didático e estético na realização de uma educação plena, além de ser facilitador para o surgimento de talentos e habilidades entre os alunos. Essas são apenas algumas sugestões, que podem ser adaptadas de diferentes formas.

Dança partindo do formato de um coração.

O espaço do colégio pode se transformar em cenário de grandes espetáculos.

Por dentro do computador

- Áreas integradas: Teatro e Informática.
- Autoria: José Ricardo B. C. Gargiulo, professor de Ciências Biológicas e Naturais, e David Machado Santos Filho, professor de Informática.
- Trabalho desenvolvido em 2008, para contemplar os eixos/blocos temáticos dos Parâmetros Curriculares Nacionais (PCNs) para a área de Ciências Naturais, Tecnologia e Sociedade, bem como Ser Humano e Saúde.

Inicialmente, desmonta-se em classe um computador fora de uso. Dessa forma, as crianças veem seus componentes, ao mesmo tempo em que acompanham as explicações técnicas do professor. Fica muito mais fácil entender o que é e como funciona um monitor, teclado, mouse, CPU, além de ser possível fazer a verificação das peças e reaproveitar materiais descartados.

A partir dessa vivência, as crianças montam uma peça de teatro em que cada uma delas se caracterizará como uma das partes que formam o computador, e interpretarão o funcionamento básico do sistema, como abrir o programa e digitar um texto. Dessa sugestão, podem-se desdobrar outros temas, como o funcionamento de aparelhos de rádio e televisão, por exemplo. Igualmente, o enredo do teatro pode variar sobre as diversas situações cotidianas que envolvem o uso desses aparelhos, como criar um personagem representando uma criança que passa horas demais no computador/televisão e acaba com dor de cabeça ou perde a oportunidade de jogar futebol com os amigos.

O trabalho contou com a parceria dos professores da disciplina de Ciências/Tecnologia e o professor de Teatro, que forneceu orientações quanto à cenografia, sonoplastia e utilização da sucata, dando uma especial atenção para as luzes.

Identidade e criação de uma história

- Áreas integradas: Teatro, Língua Portuguesa e Artes Visuais.
- Autoria: Eliane Rossi, professora de Língua Portuguesa e psicóloga.
- Trabalho desenvolvido em 2008, com alunos do Externato Madre Alix (SP) do 6º e 7º anos do ensino fundamental.

Ao longo do ano, os alunos escreveram vários textos, com temas variados (amigos, familiares, vizinhos, animais de estimação, o colégio), como foco na descrição, narração e um pouco de dissertação.

Em paralelo, foram criados dois bonecos, um que representava um menino e outro uma menina. Com diversos materiais, roupas, perucas, os alunos fizeram os bonecos como se fossem mais dois alunos da sala. Os bonecos, chamados Mariana e Matheus, foram apresentados em exposições escolares aos demais colegas da escola e aos educadores.

Os alunos das salas criaram toda a história de vida dos bonecos, seus traços de personalidade e sonhos. Na verdade, as crianças transferiram para os bonecos, traços de suas próprias vidas. E a biografia dos bonecos seguiu em frente: as crianças criaram cenários futuros positivos para seus amigos-bonecos, em relação à carreira profissional, família, mas principalmente no papel de adultos na sociedade e como cidadãos brasileiros e do mundo.

As produções de textos seguiram com temas relacionados ao estar no mundo e, integrada com a vivência da representação, foi sugerido aos alunos que escolhessem animais que os representassem e redigissem sobre eles. Da mesma maneira que o ocorrido com os bonecos, a classe trabalhou na confecção dos animais, com fantoches feitos com meias e, na sequência, os alunos elaboraram a dramatização das histórias.

Todos os textos dos alunos estão documentados no portfólio de cada um, na parte correspondente à disciplina de Português.

Quadro Vivo

- Áreas integradas: Teatro e História da Arte.
- Autoria: Marie Ange Giaquinto, professora.
- Trabalho desenvolvido com a 3ª série do ensino médio.

O objetivo dessa atividade era despertar nos alunos sensibilidade e expressão artística para o estudo da História da Arte. Para isso, foi proposto que a classe se dividisse em grupo e que cada grupo escolhesse uma obra de pintura, entre imagens selecionadas, para dramatização. Antes de cada apresentação, foi dada uma explicação resumida da obra, referente ao autor, tema, estilo e período histórico relacionado.

Inicialmente, os alunos procuraram representar com expressão corporal, a mesma "reprodução fotográfica", isto é, a posição dos personagens do quadro. No segundo momento, a partir dessa cena estática, eles iniciaram a ação teatral propriamente dita, com improvisação de movimentos e diálogos. Foi estipulado um tempo de aproximadamente cinco minutos para cada cena teatral.

Experiência em Teatro

- Áreas integradas: Teatro e Língua Portuguesa.
- Autoria: Fernando Cunha, professor de Língua Portuguesa e Renato Vitiritti, profissional de dramaturgia e música.
- Trabalho desenvolvido em 2002, com alunos do 6º e 7º anos do ensino fundamental II do Programa de Educação de Jovens e Adultos, em uma universidade da zona Leste da capital paulista.

O público desse trabalho era um grupo escolar eclético: moradores de rua, senhoras que nunca estudaram (porque o marido não deixava), jovens em situação de vulnerabilidade social, menores em regime de liberdade assistida e aqueles que simplesmente estavam ali para recuperar o tempo perdido nos estudos. A grande maioria nunca tinha entrado em um teatro e, participar de um espetáculo, era uma ideia remota e vaga, quase inimaginável. A grande maioria, embora estudando no ensino fundamental II, não sabia escrever direito. O professor percebeu que suas maiores ferramentas para atrair a eclética turma eram piadas e histórias engraçadas.

Com isso em mente, a ideia da peça surgiu na época da Feira Cultural escolar. Seria uma maneira diferente de ensino. Por ser ano eleitoral, os alunos escolheram encenar a política nacional. O texto e enredo da peça foi todo produzido pelos alunos, com variação de estilo do cômico ao crítico, da dança ao discurso. A montagem, com aproximadamente 30 minutos de duração, começou na Grécia clássica e foi parar no Planalto Central. O envolvimento dos estudantes foi essencial para o sucesso da experiência.

EDUCAÇÃO AMBIENTAL EM CENA

- Áreas integradas: Teatro, Educação Ambiental, Biologia, Geografia, Matemática, Artes Visuais.
- Autoria: Clodoaldo Cajado, engenheiro florestal, administrador do Parque Santo Dias e Suzana Maria A. M. Mathias Venezian, professora de Arte e Educação Ambiental.
- Trabalho desenvolvido com a comunidade que frequenta o parque nos finais de semana.

O projeto era voltado para a população que frequenta o Parque Santo Dias, situado na Estrada de Itapecerica, Cohab Adventista e Capão Redondo. Trata-se de um curso de arte e educação ambiental, que buscava a sensibilização, o conhecimento do meio ambiente e dos danos causados pela ação humana.

O teatro foi aplicado como instrumento pedagógico para fazer com que os alunos compreendessem a questão dos recursos naturais disponíveis, como a água para consumo, não só em medidas percentuais, mas também em quantidades e subtrações. Assim, noções de Matemática, Biologia e Geografia fizeram parte da atividade.

Para o trabalho de teatro e educação ambiental foram utilizados os seguintes materiais: 1 garrafa pet de 2 litros, 6 copos transparentes, para a demonstração adequada em quantidades proporcionais da água existente em geleiras, mares, águas subterrânea, chuva, rios e lagos.

Para demonstrar, de maneira lúdica, que a quantidade de água para consumo humano é restrita, aproveitou-se o ambiente, isto é a porção de Mata Atlântica remanescente do Parque Santo Dias. O enredo da peça contava a história dos moradores da floresta: O Sr. Gnomo e duas boas fadinhas.

O Sr. Gnomo, guardião de toda a floresta, o mais sábio e inteligente, resolve proteger a água do planeta, que está dento da garrafa pet, escondendo-a. Passam-se alguns dias e as fadas percebem que tudo ao seu redor está perecendo, pois está faltando água. Então é hora de ação: as fadas convidam o público para procurar água. A busca foi feita em uma trilha do Parque, o que possibilitou a observação da fauna e flora remanescente da Mata Atlântica. Nesta parte do enredo, o Sr. Gnomo apareceu e foi questionado sobre o problema da falta de água. Ele confessou que escondeu a água, pois a humanidade estava maltratando a natureza e ele quis protegê-la.

O desfecho da peça é uma aula de uso racional da água e um acordo simbólico é firmado com o público, que se compromete a utilizá-la de forma consciente, desenvolvendo o consumo econômico. A montagem finaliza com uma atividade plástica (desenho ou pintura) sobre a vivência comum.

Se não for possível levar seus alunos para um parque, o professor pode adaptar essa vivência para a sala de aula.

DRAMATIZAÇÃO EM CLASSES DE LÍNGUA ESTRANGEIRA

- Áreas integradas: Teatro e Língua Estrangeira.
- Autoria: Maria do Carmo Monteiro Pagano, professora de Francês, e Marisa T. Panhoni de Paula Pereira, professora de Inglês.
- Trabalho desenvolvido no ensino fundamental II.

O teatro auxilia os alunos a usar uma língua estrangeira de uma maneira mais natural, desinibida e muito criativa. Um recurso simples de representação serve para dar uma dimensão real e pragmática aos atos de fala que se aprendem no decorrer do curso. Além disso, ao montar uma peça, os alunos trabalham em equipe, o que estimula a cooperação, a autoestima e a compreensão. Os que assistem a dramatização desenvolvem a observação, o senso crítico e o respeito ao próximo. As duas vivências a seguir são bons exemplos.

A professora de Francês Maria do Carmo Pagano recria situações cotidianas. Com uma mesa, cadeiras, alguns objetos ou roupas, os alunos montam rapidamente o cenário de um restaurante, por exemplo. A partir daí, elaboram os diálogos e transformam-se em personagens que pedem o cardápio, manifestam suas preferências, indagam sobre comidas típicas e regionais, fazem e pagam a conta. Dessa integração entre a Língua Estrangeira e o Teatro em sala de aula, transporta-se o conhecimento do puramente teórico para uma vivência direcionada e focada nos objetivos de aprendizagem.

Outro caso igualmente ilustrativo desta vivência é o projeto de dramatização efetuado pela professora Marisa de Paula Pereira, no curso de língua inglesa. A partir da leitura do livro *Rabbit's Friends*, os alunos interpretaram os personagens principais da história: um coelho, um bode, um burro, uma raposa e várias abelhas. O enredo descreve um coelho muito amigo e atencioso com todos os demais animais; um dia ele precisou de ajuda, pois encontrou uma raposa em sua casa que pretendia comê-lo. Nenhum dos outros personagens teve disposição a ajudá-lo, com exceção das abelhas, que demonstraram uma verdadeira amizade.

Após a leitura do livro em inglês, com a prática da pronúncia e entendimento oral do texto, os alunos se dividiram em grupos e cada um escolheu um dos personagens para ser representado. Houve vários ensaios até decorarem o seu papel. No dia da apresentação, eles vieram fantasiados e fizeram a cenografia conforme as ilustrações do livro. A plateia, composta por alunos, professores, coordenadoras e diretora da escola, aplaudiu muito. Foi muito gratificante para os alunos/atores que fixaram vocabulário, pronúncia e tiveram a oportunidade de mostrar o seu talento.

Experiências pessoais

A seguir, relato duas experiências de montagens destinadas à faixa etária infanto-juvenil, em idade escolar, que refletem a importância do teatro no desenvolvimento dos alunos (e dos próprios professores).

Kandinsky nos ceus

"Circo Kandinsky foi escrita e dirigida por mim em 2005 e encenada pelo Grupo Cubo em 2006, nos 21 Centros de Educação Unificados (ceus) da Prefeitura do município de São Paulo e no Museu de Arte de São Paulo (Masp), entre outros. A peça aborda a vida e a obra do russo Wassily Kandinsky (1866-1944), e é um dos frutos dos estudos que desenvolvi durante minha tese de doutorado *A aventura do teatro da Bauhaus*. Trouxe para mim e para todo o grupo uma grande satisfação estética, poética e pedagógica e que agora partilho com você professor/educador, com detalhes de encaminhamentos com alunos e todo o público, que são úteis como guia para desenvolvimento de uma atividade de visita ao teatro com uma turma de estudantes.

No início de cada espetáculo, eu falava com a plateia sobre o que se tratava a peça de forma resumida. Chamava sempre a atenção para a percepção dos componentes e beleza do espaço físico teatral. Documentou-se em fotos e vídeo a reação do público pela sua gestualidade, participação e verbalização. Palavras, frases, músicas eram cantadas, faladas e repetidas como "Escola de Bauhaus", "sinestesia" – palavras estas que eram novas para o público, mas que eram repetidas com prazer.

Da experiência dos 21 ceus, ficou patente que as peças infanto-juvenis devem receber do escritor dramaturgo, diretores, atores e músicos, um cuidado igual ou maior do que as voltadas ao público adulto. O público jovem representa um terreno pronto para receber sementes que germinarão e raramente são esquecidas durante a vida. Assim, a responsabilidade está em semear sementes boas, valorosas, que contribuam e façam sentido para a vida e formação positivas do indivíduo. Vi crianças de 3 a 13 anos escutando atentamente as explicações do narrador sobre fatos históricos da Segunda Guerra Mundial, quando os nazistas fecharam e Escola de Bauhaus, onde Kandinsky dava aulas. Observei, depois do espetáculo, no pátio da escola, crianças imitando a gestualidade dos atores quando, no momento da peça, usavam jogos cênicos para passar o conteúdo do "ponto", da "linha" e do "plano", noções definidas na Teoria de Kandinsky. Escutei por vezes que a música de Arnold Schönberg (1874-1951) não seria aceita pela meninada, mas o que constatamos foi o contrário, um grande interesse por tudo o que apresentávamos, com prazer, entendimento e participação.

A pergunta que o grupo de atores fazia era como as crianças de hoje, mais influenciadas por videoclipes e videogames, responderiam ao que proporíamos: atores em silêncio, com movimentos lentos, simbólicos, vestidos com uma malha preta durante três minutos e meio? Pois as crianças seguiram atentas e, em silêncio, vivenciávamos o momento mágico do teatro."

Vic Vieira Granero

Antídoto para timidez

"A experiência que relato aqui começa em minha adolescência, época em que morei na cidade de Franca, interior de São Paulo. Criança tímida e adolescente tímido, desde muito cedo sempre tive gosto pela leitura. De certo modo, isso sempre me incomodou, pois percebia que minha relação com o mundo começava a ser comprometida. Foi quando conheci algumas pessoas que participavam das atividades da antiga (e extinta) FETAMP, uma federação de teatro amador ligada à prefeitura da cidade. Imediatamente comecei a frequentar os ensaios e as leituras dramáticas que ocorriam aos finais de semana. O primeiro texto dramático pelo qual me interessei foi À margem da vida, de Tennesse Williams, pelo seu teor intimista e a progressão dos sentimentos que este imprime às personagens.

Assim, passei a me envolver com leituras dramáticas e ensaios. Um dos mais marcantes momentos foi a participação dos ensaios da peça Uma história para Caliban, de Marilu Alvarez, sob a direção de Walter Pedrosa, fundador do método Cacotim. A carga de emoções impressa às personagens e a direção de atores de Pedrosa mostrou-me a dificuldade existente na criação de uma personagem, na transposição dos ideais propostos no texto escrito para a realidade da interpretação teatral.

Essa interação com o outro, em situações novas para mim, tornaram um jovem introvertido e meio sem jeito num jovem mais expansivo, que conseguia estabelecer um diálogo "normal" com outras pessoas e interagir mais, algo que a experiência teatral com certeza proporcionou. Quando comecei a lecionar, aos 23 anos, minha mãe, com a imagem que tinha da criança que eu fui, chegou a dizer que jamais esperava que me tornasse professor, por ser tão tímido!

Já nos meus primeiros anos de docência, quando lecionava no Colégio Marista Nossa Senhora da Glória, estava trabalhando o gênero teatral com uma sala de 1º ano do ensino médio e propus a leitura dramática de uma parte da peça de Bertolt Brecht de grande crítica ao trabalho árduo nas indústrias: A Santa Joana dos Matadouros.

Apesar de ter selecionado apenas um trecho da peça, senti que o tema envolveu os alunos de uma forma bastante interessante, pois aos poucos eles se indignavam com a situação dos trabalhadores, personagens do texto, e tentavam buscar a tonalidade exata na interpretação, a carga sentimental ali proposta e também na discussão do tema. A experiência do contato com a dramaturgia modificou a postura de alguns alunos, até mesmo de alguns que ofereciam certa resistência, que consideravam o teatro 'uma bobagem', pois viram uma possibilidade que não conheciam antes: a de modificar a concepção de mundo e da vida, e de ser modificado pela mesma. Isto me fez lembrar do tempo em que eu mesmo tinha alguma resistência à interpretação dramática e, aos poucos, fui influenciado por ela."

Arnaldo Rebello Camargo Junior, professor de Português

CONSIDERAÇÕES FINAIS

O objetivo do teatro na escola é envolver os alunos das mais diversas maneiras, com sensibilidade, expressão e conhecimento, relacionando-o com o aprendizado multidisciplinar.

Compilando todas as colaborações de professores e estudiosos, escrevi este livro, uma somatória de minhas vivências como professora e como aluna, tendo certeza de que contribuirei para a educação das gerações futuras, aprimorando o "Saber". Neste momento, volto a afirmar: Teatro é uma arte viva.

A matéria entrou no currículo escolar há apenas alguns anos e vem tomando o lugar que merece nos meios educacionais e na sociedade em geral, nos tantos momentos em que os seres humanos tentam através do teatro encontrar soluções e criações artísticas.

A vivência com o teatro traz aos professores infinitas possibilidades, tanto na área das artes puras, como na estética, no social, na comunicação, nas regras da convivência humana e tantas outras que foram estudadas de forma teórica e prática.

Como vimos aos longo deste livro, a aula que utiliza o teatro, além de ser uma aula de arte em si, é também uma disciplina que revela quantidade de vasos comunicantes que a ligam a outras disciplinas; dessa interligação, acredito que todos saem enriquecidas.

Paralelamente, o cenário que revela um pouco da trajetória do teatro na escola não é muito animador: enquanto na educação infantil até o ensino fundamental I encontramos entusiasmo e respeito pelo teatro, seja montando peças a partir de histórias lidas, seja encenando músicas e poesias, observamos no Fundamental II, momento em que o aluno mais necessita desta matéria, atitudes reticentes, orientadores e direções inseguras. Com as propostas deste livro, espero haver mais entusiasmo, mas com um novo "figurino" a esta educação plena que pleiteamos.

Espero que essas reflexões e práticas dialogadas com colegas professores sejam como uma semente que, ao crescer, amplie o espaço concedido ao teatro, tanto em termos de espaços culturais e educacionais, quanto conceitualmente.

Encerro este livro talvez como a árvore frondosa dando frutos, quem sabe, nas futuras faculdades de Pedagogia, Línguas, Matemática e outras, que incluindo o teatro em seus cursos estariam dando, sim, um grande passo para a melhoria do ensino no Brasil.

BIBLIOGRAFIA

Appia, Adolphe. *A obra de arte viva*. Trad. Redondo Júnior. Lisboa: Arcádia, s/d.

Argan, Giulio Carlo. *El passado em el presente, el revival em las artes plásticas, arquitetura, cine y teatro*. Barcelona: Gili, 1977.

_____. *Walter Gropius e la Bauhaus*. Torino: Einaudi, 1951.

Aristóteles. *Arte, retórica e arte poética*. Rio de Janeiro: Ediouro, s/d.

Bachelard, Gaston. *O direito de sonhar*. São Paulo: Difel, 1970.

Berthold, Margot. *História mundial do teatro*. Trad. Zurawski, J. Guinsburg, Sergio Coelho e Clóvis Garcia. São Paulo: Perspectiva, 2006.

Bizzo, Nélio. *Ciências: fácil ou difícil?* São Paulo: Ática, 2000.

Brecht, Bertolt. *Teatro completo*. Rio de Janeiro: Paz e Terra; s/d, v. 2.

Carlson, Marvin. *Teorias do teatro*. Trad. Gilson César Cardoso de Souza. São Paulo: Ed. Unesp, 1995.

Coli, Jorge. *O que é arte?* São Paulo: Brasiliense, 1988.

Craig, Gordon. *Da arte do teatro*. Lisboa: Arcádia, s/d.

Darwin, Charles Robert. *A expressão das emoções no homem e nos animais*. São Paulo: Cia. das Letras, 2000.

Ésquilo. *Agamenon*. Estudo e trad. Jaa Torrano. São Paulo: Fapesp/ Iluminuras, 2004.

Freire, Paulo. *Educação e mudança*. Rio de Janeiro: Paz e Terra; 1979.

Galízia, L. R. *Os processos criativos de Robert Wilson*. São Paulo: Perspectiva, 1986.

Garcia, Clóvis. *Os caminhos do teatro paulista*. São Paulo: Prêmio Editorial, 2006.

Gropius, Walter. *La Nueva Arquitetura y La Bauhaus*. Barcelona: Ed. Lúmen; s/d.

Guénoun, Denis. *Teatro é necessário?* São Paulo: Perspectiva; 2004. (Coleção debates).

Kandinsky, Walter. *Do espiritual na arte*. São Paulo: Martins Fontes, 1990.

Laban, Rudolf. *Domínio do movimento*. Edição organizada por Lise Ullmann. Trad. Anna Maria Barros de Vecchi e Maria Sílvia Mourão Neto. São Paulo: Summus, 1978.

Meyerhold, V. Emilievic. *Textos teóricos*. Trad. Delgado M. Anos, R. Vicente, V. Cazcarra e J. Z. Bello. Madrid: Alberto Corazón, s/d., v. 1.

Pereira, Katia Helena. *Como usar artes visuais na sala de aula*. São Paulo: Contexto, 2007.

ROUBINE, Jean-Jacques. *Introdução às grandes teorias do teatro*. Trad. André Telles. Rio de Janeiro: Jorge Zahar, 2000.

SCHLEMMER, Oskar; MOHOLY-NAGY, Laszeo; MOLNAR, Farkas.*The Theatre of the Bauhaus*. Middletown: Conn, 1960.

SÓFLOCLES. *Texto integral*. São Paulo: Martin Claret, 2005.

SPOLIN, Viola. *Improvisação para o teatro*. Trad. Ingrid Dormien Koudela e Eduardo G. de Almeida Amos. São Paulo: Perspectiva/Secretaria da Cultura, Ciência e Tecnologia de São Paulo, 1979.

STANISLAVSKI, Constantin. *Minha vida na arte*. Rio de Janeiro: Civilização Brasileira, 1989.

VICK, Rainer. *Pedagogia da Bauhaus*. São Paulo: Martins Fontes, 1989.

WEISSMANN, H. (org.) *Didática das Ciências Naturais:* contribuições e reflexões. Porto Alegre: Artmed, 1998.

A AUTORA

Vic Vieira Granero é licenciada em Artes pela Escola Nacional de Belas Artes (RJ) e pela Faculdade Marcelina de Artes (SP). É mestre e doutora pelo Departamento de Artes Cênicas da Escola de Comunicação e Artes da Universidade de São Paulo (ECA-USP). Ministra cursos de pós-graduação e extensão universitária no Departamento de Artes Cênicas da ECA-USP. Recebeu o Prêmio de Incentivo à Pesquisa, dado pela Prefeitura de São Paulo no setor de Comunicação, pelo projeto *Aberto* na XII Bienal Internacional de São Paulo. Coordenadora do Grupo Cubo de estudos de Artes Cênicas no Estúdio das Avencas. Desde 1967 trabalha no Externato Madre Alix, dando aulas de Teatro e Arte Visual.

COLEÇÃO

como usar
na sala de aula

como usar ARTES VISUAIS na sala de aula
Katia Helena Pereira

como usar AS HISTÓRIAS EM QUADRINHOS na sala de aula
Angela Rama e Waldomiro Vergueiro (orgs.)

como usar A LITERATURA INFANTIL na sala de aula
Maria Alice Faria

como usar A MÚSICA na sala de aula
Martins Ferreira

como usar A TELEVISÃO na sala de aula
Marcos Napolitano

como usar O CINEMA na sala de aula
Marcos Napolitano

como usar O JORNAL na sala de aula
Maria Alice Faria

como usar O RÁDIO na sala de aula
Marciel Consani

como usar O TEATRO na sala de aula
Vic Vieira Granero

como usar OUTRAS LINGUAGENS na sala de aula
Beatriz Marcondes, Gilda Menezes e Thaís Toshimitsu

LEIA TAMBÉM

COMO RESTAURAR A PAZ NAS ESCOLAS
um guia para educadores
Antonio Ozório Nunes

Como restaurar a paz nas escolas se propõe a colaborar na recuperação de valores esquecidos, ou deixados de lado, e proporcionar uma cultura de não violência na resolução de conflitos. Através de práticas restaurativas, sugere-se aos educadores a aplicação de diferentes técnicas facilitadoras na prevenção da violência por meio de atividades inteligentes perfeitamente aplicáveis no dia a dia da sala de aula. Tais práticas proporcionam aos mestres habilidades indispensáveis para se resolver conflitos dos mais simples aos mais complexos, envolvendo toda a comunidade escolar e social e cultivando laços de cooperação e disciplina.

COMO CORRIGIR REDAÇÕES NA ESCOLA
uma proposta textual-interativa
Eliana Donaio Ruiz

Um dos principais desafios do professor de Língua Portuguesa é conseguir que seus alunos aprendam a escrever bem. Mas como os professores podem contribuir (por meio da correção que fazem) para uma produção escrita de maior qualidade? Que tipo de estratégias de intervenção escrita é mais produtivo para o aluno? Como corrigir uma redação, de modo a levar os alunos a progressos significativos na aquisição da escrita? O que torna, afinal, uma correção de redação eficiente? Recheada de exemplos, a obra mostra como se dá a prática escolar de correção de textos produzidos pelos alunos através da reescrita e quais seus efeitos no aprendizado da arte de escrever.

LER E COMPREENDER
os sentidos do texto
Ingedore Villaça Koch e Vanda Maria Elias

Ingedore V. Koch, uma das mais importantes autoras de obras de Língua Portuguesa e Linguística em nosso país, com a colaboração de Vanda Maria Elias, apresenta neste livro seu pensamento sistematizado como uma ponte entre teorias sobre texto e leitura e práticas docentes. A leitura de um texto exige muito mais que o simples conhecimento linguístico compartilhado pelos interlocutores. Dessa forma, autor e leitor devem ser vistos como estrategistas na interação pela linguagem. O objetivo deste livro é apresentar as principais estratégias que os leitores têm à sua disposição para construir um sentido compatível com a proposta apresentada pelo seu produtor.

CADASTRE-SE
EM NOSSO SITE,
FIQUE POR DENTRO DAS NOVIDADES
E APROVEITE OS MELHORES DESCONTOS

LIVROS NAS ÁREAS DE:

História | Língua Portuguesa
Educação | Geografia | Comunicação
Relações Internacionais | Ciências Sociais
Formação de professor | Interesse geral

ou
editoracontexto.com.br/newscontexto

Siga a Contexto
nas Redes Sociais:
@editoracontexto